優渥叢書

「卡內基激勵法」
改變了5,000位經理人的人生

說好話的力量

1小時學會，40堂學校沒教的「溝通課」！

暢銷珍藏版

卡內基訓練 區域總經理
連桂慧◎著

目錄
CONTENTS

Part 3

不用命令，也讓團隊為你賣命的「領導」課

Part 4

家人、自己人，更應說出對他的「鼓勵」

Part 5

善用「壓力處理」，變成你向上的動力

目錄
CONTENTS

好東西與好朋友分享

本書作者連桂慧是卡內基訓練的資深講師。她能將多年來的經驗、與學員的互動，還有她的成長與突破，一一敘述分享，我可能是特別欣悅的人之一。

二十年前我到臺中教「領導人形象」課程，連桂慧就是學員之一。她很積極參與課程中的各種練習與活動，而且常常言之有物，令我印象深刻，我們就這樣結了緣。不久後她加入了卡內基訓練，並且很快就擔任講師，開始與很多人互動，發揮了廣泛、深遠的影響力。

記得臺東地區當初就是她開發的。我到臺東去，看到當地農會的負責人、林務局的同事，還有幾位老師都成了她的教學志工，熱心幫忙輔導學員，當時我很驚訝她怎麼能在短期內做得到。她每星期從高雄到臺東，除了教學，也利用時間幫助幾位朋友處理事業方面遭遇的問題，受到她幫助的人都非常感動。

重要的是臺東的事並不是唯一。她在嘉義教課後，又掀起了嘉義地區的蓬勃現象。她教過的學員組成了「菁英成長聯誼會」，每個月從事一項公益活動，迄今已二十年了。在今天這個繁忙、現實的社會中，能這麼熱心公益真是不容易。

這些人、事、物都出現在這本書中。

其他還有法院的法官、臺電的高階主管、榮總醫院醫療人員，只要上過她的課，不但會成為她的摯友，而且還會繼續交往。其中很多人我也認識，他們都由衷地佩服桂慧，有些人的小孩上過她教的青少班後，也有了很大的突破。

更精采的是她在江蘇、浙江的工作與教學歷程。她也曾遠赴冰天雪地的東北教課，現在又要沿著一帶一路，在相當荒僻的地帶，幫助那些開疆拓土的工程人員，讓他們工作得更和諧，更有樂趣。這是多麼的難得。

走過這麼多采多姿的心路歷程，累積這麼多珍貴的感想與心得，並且樂得與人分享，我覺得與有榮焉。也許再過幾年，桂慧又有更多的心得要與讀者分享了。

卡內基訓練大中華地區負責人　黑幼龍

透過說好話的力量，創造更美好的人生

每個人無論從事什麼工作、在生活中扮演什麼角色，都有可能會遇到「懷才不遇」的困擾。歷史學者許倬雲也說，天底下最痛苦的人，莫過於懷才不遇，因為他想做的，跟他能做的有很大的距離。

要解決這個困難的關鍵是什麼呢？卡內基訓練的創辦人戴爾・卡內基（Dale Carnegie）就曾經歷過這種苦悶。他當過業務員、演員，但都無法讓他覺得有成就感，當然成績也很不理想。

後來，他開始教導別人演說，並發現許多學員在跟上司、客戶、同事與家人的溝通上，遇到許多困擾。於是，他開始著手研發人際溝通的原則，讓學員去應用。如果學員回饋效果好，例如，使用後讓老闆更欣賞，卡內基就將它納入教材。相反地，如果學員回饋效果差、使用後惹火太太，卡內基就淘汰這條原則。

這種被卡內基稱為「人際關係實驗室」的課程，後來在一九八七年，由我父親黑幼龍引進臺灣，幫助幾十萬學員找到更好的溝通方法，來解決在工作與家庭會遇到的人際關係難題，並跟周遭的人修復關係。而臺灣的卡內基團隊也因為學員的認同與支持，成為卡內基全球九十個國家、兩百個經營團隊中的第一名！

作者連桂慧是我的同事，她從事卡內基訓練的教學工作已經超過十八年，在臺灣與大陸帶領團隊，從事課程推廣與教學的工作，教學品質卓越，頗受客戶與學員認同。本書分享了她在教學工作中，經歷過的許多真實故事。透過這些故事，應證了卡內基人際溝通原則，確實能幫助懷才不遇的人，找到賞識他的伯樂。透過說好話的力量，能贏得客戶與長官的認同、家人與同事的合作，且能找出突破困境的方法，進而創造更美好的人生。

卡內基訓練執行長　黑立言

別輕忽「溝通」在人生中的蝴蝶效應

你一定聽過一句話：「多說多錯，少說少錯，不說不錯。」但真是如此嗎？當你在求學階段，重心都放在學業成績上時，或許還沒有非常深刻地感受到「說話與自我人生」的關聯性，但是也不難發現，會說話的同學總是比較受歡迎。不管與同儕交往、討長輩歡心，都比其他人來得如魚得水。出了社會後，也慢慢體會到「溝通」已成為求職、建立人脈、升遷，甚至是找尋伴侶等的關鍵因素。

當然，這樣的論點一定不是每個人都贊同，難道溝通真的就這麼重要嗎？舉幾個例子來說明。

有對新婚夫妻，婚後為了讓將來生活無虞，兩人都外出工作，太太直到懷孕、生了孩子後，才離職在家專心帶孩子。當家裡多了一張嘴要吃飯，卻又少了一份收入時，先生的壓力就變重了。為了養活一家三口，他經常在外跟客戶應酬，留太太一人在家辛苦帶孩子。面對先生一星期回家吃飯不到三天的生活，太太日漸不滿，對先生抱怨：「平均一星期有三天都應酬晚回家，與孩子相處時間這麼少，你應該要多花些心思在家吧。」

在外辛苦奔波的先生，一聽到這樣的話，心想太太不但不體貼，還開口要求，便出口反駁：「妳覺得我沒花心思，那妳就有把家顧好、把小孩帶好嗎？為什麼孩子晚上都不睡覺一直哭？妳不知道我上班回來很累嗎？」結果，想當然是無止盡的爭吵。

因為溝通不良而經常爭吵，這樣的例子充斥在身邊，我們一點都不陌生。但如果可以換句不同的問法，既能達到目的又不傷和氣，這樣的溝通效果一定更好。

在職場上，溝通更是一門必修的課題。現為王品集團副董事長的李森斌，就曾分享過：以前他在台塑牛排擔任高層時，有一位新的主管來報到，資歷非常豐富，能力也不差，但是剛上任就引起其他資深員工反感，只因為他在會議裡脫口而出的一句話：「相信以我『以往』的經驗，足以影響各位。」

李森斌說：「每個人都知道，會說話不代表會做事。」但當公司組織龐大，而同事之間無法對彼此有深刻了解，實際狀況往往變成：「六〇%都由說話的過程來判斷一個人。」

每一句話其實都塑造著他人對自己的觀感，尤其是不熟悉的人。有時候，透過團隊合作才能成就一件事，這時候溝通就是很重要的過程，也決定了你帶給別人的第一印象。

良好的溝通，會帶給你好人際

說到溝通技巧，大部分的人一定會想到「戴爾・卡內基」，這位橫跨了八十年，依舊深具影響力的成功學大師。他在其中一本著作中，提出溝通與人際關係的理論，至今依然屹立不搖，全球各地的企業家、政治家，與各行各業的成功者，都深受影響。

他曾說過：**「一個人在事業上的成功，只有十五%是源自他的專業技術，另外的八五%則要依靠人際關係、人脈資源和處世技巧。軟與硬是相對的：專業的技術**

是硬本領；善於處理人際關係的交際技巧則是軟本領。」建立良好人際關係的關鍵要素之一，就是良好的溝通技巧。

多位眾所皆知的成功人士，都善用其中的技巧，其中最有名的，不外乎就是股神巴菲特。年輕時的巴菲特，曾經非常害怕公眾演說，他在自傳中這樣描述：「事實上，我一直刻意避免在眾人面前站起來說話。」

青少年的巴菲特，渴望與大家融洽相處，卻不知道如何與人建立關係，聰明只讓他顯得咄咄逼人。直到他想起八、九歲時，曾在祖父書架上看過戴爾・卡內基的一本書。

該書第一句話，就深深吸引他的注意：「假如你想採集蜂蜜，就不要踢翻蜂窩。」卡內基強調，人性最深層的渴求就是「被人重視」，批評只會傷害他人自尊與自我價值，使對方心生防衛、急於辯解並引發憤恨。因此，卡內基的第一項原則是：不批評、不責備、不抱怨。

這個觀念讓巴菲特覺得自己發現了「真理」，為了驗證卡內基原則的可行性，他在生活中落實「遵守」與「不遵守」這兩種對照作法，並記錄其結果。數據證明，卡內基原則確實有助於他在任何情境中，把自己成功推銷給別人。

畢業後，巴菲特更報名卡內基訓練課程，他在自傳上表示：「這個方法真的有效，是我學過最重要的一課。」一直到今天，卡內基訓練的畢業證書，依然高掛在巴菲特辦公室的牆上。在他的書中不難看出，他一直落實卡內基的原則：「給予真誠的讚賞與感謝」、「真誠地關心他人」、「衷心讓他人覺得自己重要」等，以看似無為，實則非常有效的管理，輕鬆地讓員工自動自發做好工作。

巴菲特是近年來最有名的實例，其他像是前美國總統柯林頓，在「記得別人的名字」上也下過許多功夫。有人形容與柯林頓的會面情況：「當他和你握手時，那種感覺就好像現場只有你們兩個人一樣。」這樣的用心，在當時為他取得許多的政治支持與人氣。

台積電董事長張忠謀，也常用「談論他人感興趣的話題」為原則，來對待每一個客戶，用心收集話題並真正地將心思放在對方身上，更時時提醒自己「不批評、不責備、不抱怨」。

卡內基的溝通法則一直被許多成功人士沿用學習，在許多成功人士身上，都能發現這些真理的影子，實用程度更是不在話下。若想要人際關係有所改善，當然不能錯過，這值得每個人好好學習！

善用卡內基的技巧，人生將會快活許多

生活在群居社會，就一定需要與人交往。卡內基帶給世人的不單單只是這些「技巧」，而是更根本的「態度」調整。

卡內基的實用技巧究竟有多厲害？我們可以運用在哪些領域？本書將分別在人際關係、領導與管理、溝通與激勵和壓力處理這四大類，一一探討。這四個方向，其實都和「溝通力」息息相關，請別忽略了溝通的力量，因為任何一個微小的變化，都足以產生連鎖效應。

本書提到的每一則真實故事，都來自於我多年來的生活經驗。期盼藉由這些故事，也把卡內基的成功溝通技巧，傳授給每一位讀者。

Part 1

跟卡內基創辦人這樣做，你也能「說出自己的路」

性格內向憂鬱，如何做到侃侃而談？

在成功之前，所有人都一樣，都要面對生活中的各種挫折。而大多數的成功人士，需要面對的則是數倍以上的艱辛與挑戰，被譽為二十世紀成人教育先驅的卡內基也不例外。

一八八八年，戴爾・卡內基誕生於密蘇里州馬利維爾附近的一個小市鎮。他的父親經營著一個小小的農場，家境窮苦，讓他常常吃不飽也穿不暖。

小卡內基的性格天生偏向憂鬱，他曾向朋友傾訴：「煩惱伴隨著我的一生，我一直想弄明白自己的憂慮來自何處。」有一天，他幫母親摘取櫻花的種子時，突然哭泣起來。母親問他：「你為什麼哭？」小卡內基邊哭邊答：「我擔心自己會不會像這種子一樣，被活活埋在泥土中。」兒時的他，擔驚受怕的事情真不少：下雷雨時，擔心會不會被雷打、年景不好時擔心沒有食物可以吃，甚至還擔心死後會不會下地獄。

容易緊張與思維纖細的他，所幸受到母親樂天知命的影響，後來也漸漸改變了。卡內基的母親生性樂觀，百折不撓。有次大水災，洪水沖出了河堤，把農場中所有農作物沖散得亂七八糟，所有收成一夕之間全成了泡沫。卡內基的父親絕望地喊道：「上帝，你為什麼老是和我過不去？我什麼時候才能走出困境？」但他的母親卻十分鎮靜，哼唱著小曲，將家園一一收拾好。

從被欺負的經驗，體會出尊重的道理

小時候由於家中貧窮，讓卡內基營養不良。他的身材非常瘦小，卻長著一對與頭部不相稱的大耳朵，那雙又寬又大的耳朵，經常是同學們取笑的對象。

有一次，班上一名叫山姆的大男孩與卡內基發生了爭吵，卡內基說了幾句很刻薄的話，山姆被激怒了，便恐嚇說：「總有一天，我要剪掉你那雙討人厭的大耳朵。」小卡內基聽了之後嚇壞了，好幾個晚上都不敢睡覺，深怕自己進入夢鄉後，耳朵就會被山姆剪掉。

當卡內基長大後，仍然沒有忘記這段過去。他說：「要想別人對你友善，要想與同事和睦相處，想要處理好上下級的關係，那就絕不能去觸動別人心靈的傷疤。」這是卡內基從成長經驗中，領悟出來的道理。

因為貧窮，更渴望成功

一九〇四年，卡內基高中畢業後，就讀密蘇里州華倫斯堡州立師範學院。當時家裡已經將農場賣掉，搬到學院附近。卡內基負擔不起住在市鎮的生活費用，只好住在家裡，每天騎馬到學校上課。他是全校六百名學生中，五、六個住不起市鎮的學生之一。雖然獲得學校的全額獎學金，還是必須四處打工，彌補學費等花用。

為了早日脫離貧窮的生活，卡內基一直努力尋找解決辦法。他觀察到學校裡那些「明星學生」，大多靠運動、辯論與演講而出名，他心想只要出名，成功的機會就大了。但他自知不擅長運動，因此決定選擇「演講」，作為成名與展現影響力的途徑。

當時的學院辯論會及演說賽非常吸引人，優勝者的名字不但廣為人知，還會被視為學院的英雄人物。卡內基發現，這是一個成名和成功最好的機會。然而，他從來沒有演說過，一連參加了十二次比賽，屢戰屢敗，還好有母親的支持，才能繼續堅持下去。

經歷多次的失敗後，卡內基發憤振作，挑戰自我，終於在一九〇六年，因一篇以「童年的記憶」為題的演說，獲得了勒伯第青年演說家獎。這是他第一次挑戰成功，而這份演講稿至今還存在瓦倫斯堡州立師範學院的校刊裡。

這次的獲勝對卡內基來說，影響非同小可。他本人也在後來自豪地說：「雖然經歷了十二次失敗，但最後終於贏得了辯論比賽。更激勵我的是，被我訓練出來的一位男學生贏得公眾演說賽，而另一位女學生也成為朗讀比賽冠軍。從那一天起，我就知道什麼樣的事情會讓我充滿熱情了。」

一九〇八年，卡內基仍舊很貧窮，但這時的他與剛進入師範學院時，已有天壤之別。他已經是全校的風雲人物，在各種場合的演講賽中大出風頭，所有的師生都對他刮目相看。

計畫趕不上變化

從小，卡內基的母親就對他寄予厚望，鼓勵他努力讀書，希望他將來可以成為傳教士或是教師。

卡內基原先是想在學校裡取得學位，等到畢業後就回到家鄉教書。但在即將畢業的那年暑假，他發現同班的一位同學為國際函授學校推廣函授課程，而那位同學每週賺的錢，比父親辛勤賺取的收入還要高出四倍。因此，他在畢業後便趕到國際函授學校總部所在地，受僱成為一名推銷員。但是這次的成績並不理想，後來他又前往內布拉斯加州，在一家公司販售火腿、肥皂和豬油，成績還算不錯，也存了一些錢。

一九一一年，卡內基辭去業務員的工作，前往紐約「美國戲劇藝術學院」學習演戲，想要成為一名演員。他認為演員是一條可以快速成功的捷徑，但一年後，他深深感覺自己並不具備演戲的才能與熱情，於是又回到推銷行業。這次他在一家卡車公司當推銷員，但是也沒有待很久，這是他人生中很挫折也很迷惘的一段時光。

教學員演說技巧，竟然從談談自己開始

一九一二年的秋天，卡內基二十三歲。他獨自在紐約，面對著家徒四壁的破舊公寓，對未來感到很迷惘。經歷過這些挫折後，他很清楚這些工作都不符合他的理想，也都不是他在學時的夢想。

因此，他讓自己沉澱下來，重新與自己對話：「卡內基，這就是人生嗎？這就是你在大學時夢寐以求的生活嗎？還記得當時你想完成的大事嗎？你希望博覽群書，更希望有時間寫書立作。現在你在做什麼？你每晚帶著頭痛回家，只因為厭惡這些工作……。你並不是想發財，你只想好好地生活，這比賺錢重要多了。」

他發現生活不是只有賺錢，做些讓自己快樂並且帶給別人價值的事情，遠比賺錢更重要。因此，他決心白天寫書，晚間去夜校教書，賺取生活費養活自己。

他想在夜校開一門「公開演講」的課程。他認為大學時代在公開演說方面受過訓練，因為這些訓練和經驗，一掃他的怯懦和自卑，讓他更有勇氣和信心跟人打交道，並增長做人處事的才能，而這些都是值得讓更多人學習的事情。

一開始，卡內基的申請都遭到當地幾所大學拒絕，於是他決定試著在基督教青年會（YMCA）辦講座。他特意選擇紐約市內規模最小的一家YMCA，希望成功率可以提高一些。不過，青年會經理對他的講座內容不感興趣，因為他們以前曾經有過失敗的經驗。

這位經理邀請他出席一個「社教之夜」的活動，讓他做個演說來娛樂佳賓。本來演講技巧已經被訓練得非常純熟的卡內基，善加利用這個機會，結果引發觀眾熱烈反應，連帶著也改變了經理的心意，同意讓他辦講座。

但是，經理不願冒風險付卡內基一晚上兩美元的講師費用，而是採用分紅的制度。沒有固定報酬，來多少學生，就抽多少費用，而卡內基也答應了。

接受挑戰，才知道自己有多少能耐

這對他來說是個挑戰。卡內基必須在很短的時間內，讓學員覺得很有收穫。這些學員來上課的目的只有一個，就是學到「實際的演說技巧」，一旦他們覺得沒有效果，可以隨時喊停，那麼卡內基就沒有費用可抽成。卡內基若是想要靠這行維生，就必須讓這些學員在第一次就感受到課程的震撼力，才會願意一直來上課，並口耳相傳告知他人。

在卡內基講座課程剛開始時，教室內的狀況並不是很好。等到他講完了演說的歷史和理論基礎，發現所有學員看起來都快要睡著了，於是他靈機一動，請一位男士上臺並告知他：「請為我們做個簡短的即席演講。」

學員問他說：「我要講什麼呢？」卡內基遲疑了一下，回答：「就談談你自己吧！告訴我們你的背景及生活。」這位學員說完了，卡內基就再請下一位學員。漸漸地，卡內基發展出一套團體溝通的教學理念。不到幾個月，他就在美國東岸所有的青年會開班授課，並且幾乎每晚都有課，受歡迎的程度，連他自己都十分意外。

影響深遠的人際溝通大師

到了一九二二年，卡內基重新開班教學。這一次他不再透過青年會，而是自己創業，卡內基訓練機構正式誕生，往後他也寫出了好幾本世紀暢銷書。卡內基的書在全世界的銷售量已超過五千萬本，並以三十八種文字出版，而他所創立的訓練機構，現今已成為世界性的機構，講師人數超過三千位，在七十多個國家都有主持機構。

卡內基曾經這樣形容，他的訓練課程就像是專為成人設計的「人際關係實驗室」與「克服憂慮實驗室」，而他所歸納出的「卡內基原則」，確實有如千千萬萬人的生活實戰體驗。看似簡單，卻又意味深長。

二〇〇六年，美國國際管理機構選出五十位列入「管理名人堂」的管理大師，被譽為二十世紀成人教育先驅的卡內基，亦名列其中。入選原因是：「著作與訓練課程成為美國二十世紀的象徵，淺顯易懂且有效的人際技巧，已成為美國文化的一部分」。卡內基用他的生命歷程打造了這些原則，並證明這一切是實用的。

溝通不是一種學問，而是一種習慣

與人相處愈深入，愈能體會卡內基所說「溝通的重要性」。臺灣卡內基課程負責人黑幼龍強調，**溝通不是一種學問，也不是一種知識，而是一種習慣，沒有練習就學不會。**

卡內基的成功，在於他掌握了人際相處間最重要的關鍵點，就是如何溝通、如何表達、如何讓別人成為你的朋友。卡內基所研發的獨特訓練，融合了演講技能、推銷觀念、人際關係處理和實用心理學，完全不受死板的規則束縛，不但實用而且非常有趣。這些課程非常講求實務演練，唯有不斷地練習，才能真正吸收技巧，並發揮作用。

在目前的社會趨勢中，團隊合作、異業合作已經是常態，但隨著科技進步，人與人之間卻變得疏遠，溝通也逐漸淡化，這是非常可惜的事。不管在生活（吃飯、消費、旅遊、家庭聚餐、親子團聚等），還是在工作中（同事溝通、上司下屬溝通、客戶溝通等），都有機會與人接觸，學會良好的溝通技巧與心態，最受惠的還是我們自身。

黑幼龍先生也曾表示，沒有人天生就會溝通，所幸溝通很容易學習，關鍵是要不斷地練習。溝通是一種專業，更是一種心態。這些成功的社會人士，都是最有力的證明。

卡內基以尊重、關懷、真誠的人性基本為出發點，鼓勵世人，不論貧富，只要懂得如何和人溝通、相處，找回自信，激勵自己努力做好喜歡的事，成功就在眼前。套一句美國故總統甘迺迪的話：「他遺留後世的真正價值是：他把個人成功的技巧，傳授給每一位有志出人頭地的人。」

Part 2

學校沒教你，如何說出好的「人際關係」

為什麼人際關係很重要？

人際關係指的就是人與人之間的關係連結，包括親人、朋友、情侶、同事、部屬、上司、客戶等，都是人際關係中的一環。我們生活在群體中，若是人際關係良好，不但生活愉快，做起事來也會特別順手，減少許多阻力。

試想，一個在工作上處理不好人際關係的父親，每天上班都不快樂，當他下班回家後就會帶回這些情緒，並感染給其他家人。有許多家暴案件，也常是因為溝通不良而引起的。

人際關係的好壞不是只有跟自己快樂與否相關，影響的不只是個人，我們還可以從以下的專家研究，看出其重要性：

1. 研究顯示，八〇％在工作中失敗的人，主要原因是無法與他人良好相處。

2. 美國柏克萊及耶魯大學分別研究發現，社會孤立者易罹患癌症、心臟病、呼吸系統與循環系統疾病，比較容易發生意外狀況，死亡率也較社會關係較佳者高出兩倍。

3. 人際關係較好的人，處事態度樂觀積極，較易肯定自我，忍受挫折的能力也較強。

讓自己擁有良性的溝通技巧與抒發方式，不但可以開創開心的生活，更可以為身邊的人帶來幸福。以下列舉幾個卡內基常用的方法與讀者分享。

方法1

關心別人，少說「我……」

相信你一定有這樣的經驗，跟三五好友一同聚餐，大家你一言我一語聊得很熱絡，但是仔細聽下來，會聽到大部分的話都是：「我最近發生了……」、「我家那個最近又……」、「我老闆一點都不懂我……」、「我同事吃錯藥了，沒事開始針對我……」。

紐約有間公司做過調查，他們想要找出人們在通訊中使用頻率最高的字眼，調查結果出爐，就是「我」這個字。在五百通電話取樣中，光是「我」這個字就被使用了三千九百九十次以上。由此可見，人往往下意識重視自己多過他人。然而，你必須了解，當你在生活中一直忽略別人時，怎麼可能會得到別人的注意，因為對方跟你一樣只注意跟自己有關的事。

邱吉爾曾說：「期待別人關心，就從關心別人開始。」如果你想要成為眾人矚目的焦點，就必須求其所好，而第一件事就是放下凡事以「我」為開頭。戴爾・卡內基說過，每個人的深層意識都希望「被人關注」，因此，**當我們想跟別人拉近關係時，就必須先將焦點放在他人身上，這跟學習、做研究是一樣的道理，焦點在哪裡，成果就在哪裡。**

坊間所有教導人際關係的書籍中，無一不是告訴你，要先懂得「傾聽」與「觀察」。原因就在於卡內基所說的：「人是希望被關注的」。當你開始關注他人時，對方才會將視線放在你身上，這道理其實很簡單。

因此，從少說「我……」開始，學會專心傾聽與觀察他人，關心自己以外的人，久而久之，別人自然會開始留意到「你」。

從每一天的小細節開始改變

我相信每個人都懂這些道理，但難就難在實踐。我們可運用卡內基的小技巧協助，從生活中的小細節開始調整。

首先，先觀察自己究竟在言語中，使用了多少的「我」。可以選一個跟朋友輕鬆聊天的時刻，聊天前事先準備好錄音設備，放在靠近自己的桌上或是口袋，錄音十五至二十分鐘。回家後播放出來聽，再拿出紙筆記錄。如此一來，就能知道自己到底說了多少「我」，也能有意識地開始調整。

再來就是運用卡內基課程中的「心談卡」，這個工具可以使用在許多地方，像是練習「不批評、不責備、不抱怨」、「真誠地關心他人」、「談論他人感興趣的話題」以及「聆聽」，這些都是在練習溝通術時非常實用的輔助工具。

不妨每一季抽個時間，和家人、伴侶、同事、朋友進行一次「心談時光」，建議一次一個人就好，列下你想要詢問對方的問題，然後邀請他面對面坐下，自己則完全不插嘴、評論，藉由傾聽，了解對方這段日子以來的改變與成長。

這個練習也可以用在任何一位你想要加強關係的對象上，像是父母、子女或者另一半，誠摯地邀請他們坐下來，告訴對方你想要這麼做的目的，向對方提出問題後，開始傾聽。這個練習可能不會一開始就非常順利，但是不斷重複幾次後，對方也會慢慢感受自己的誠意，而願意敞開心胸。

「關心」，就是關上自己的嘴，打開心去面對他人

「關心」的英文單字是interest，它還包含好奇與感興趣的意思。所以要關心別人，首先就要對別人感興趣。

黑幼龍曾經說過：「我的記憶力並沒有比別人好。但是我會記住他人特別的背景或習慣，原因非常簡單，因為我對『人』比較感興趣。」因為感興趣，看待事物的態度就會不同；因為感興趣，在傾聽他人時，就會詢問與了解，也會對他人的印象變得更深刻。

「關心」常常被害羞的人隱藏起來，尤其在東方社會，害怕表現出來會引來注目或是遭人非議。但如果真的關心一個人，只要真正用「對方所希望的方式」關心，就不需要怯步，勇敢行動吧。

有一位在醫院檢驗室工作的學員，她覺得自己和別人的互動有很大的障礙。她之所以來卡內基上課，是因為先生幫她報了名。上課之後，她發現原來障礙來自於：關心自己比關心別人多、專注在事情上比專注在人上面多。所以，她沒有辦法好好認識他人，只能活在自己的小天地。

因此，她下定決心要主動跟同事互動。某天來了一位工程師，也是個很害羞的人，這次她主動找對方聊天，並將重心放在他身上，仔細聆聽他說話。後來知道工程師的家在高雄，當時高雄發生氣爆，她主動關心對方家裡的狀況是否安好，沒想到對方覺得很感動，就和她開始聊了起來，短短的十幾分鐘，一直在聊對方的生活。

讓她感到訝異的是，小小的關心也可以造成很大的改變。在日後的工作上，這位工程師開始會協助她，遇到任何事情也會主動詢問。因此，旁邊的同事對她改觀了，不再帶著以往的偏見看待她，她也會主動加入其他人的話題，彼此都重新建立起信任關係。

激勵的話

顧到他人的面子和讓對方感覺自己受重視，一樣重要。尤其，當你想要改變別人想法，又不希望讓他感到不舒服時，就更加重要了。想要和他人合作，就要先學著放下自己的主觀意識。

連桂慧老師給經理人的第②堂課

有位學員個性很急，但是能力很好，公司一直希望可以培養他成為主管，帶領新人，但是他以往帶新人的經驗都不太好。他覺得新人不太認真、流動率很高，不管他再怎麼認真帶領，成效都不太好。

後來，在上課的過程中，他想到部門剛好來了兩位新人，這次他想換個方式去帶領他們。他安排一星期兩至三次的輔導時間，每次約一個半小時，輔導期間不只安排專業訓練，還用了卡內基原則的第二條「給予真誠的讚賞」，和第四條的「真誠地關心他人」，以此幫助新人建立自信，使他們願意主動學習。

隔天早上當他為自己泡茶時，也為這兩位新人一起倒杯茶，並簡單和他們聊聊生活狀況，晚上有時也會用LINE關心一下。因此，很快地就跟這兩位新人建立起良好的信任關係。

有時聽到他們抱怨，以往他會直接訓斥，但是現在他懂得用開導的方式，引導他們到比較正面的方向。他發現，當自己改變方式後，不僅兩位新人都留了下來，還都表現得非常好。

激勵的話

當我們滿腔熱血地想要幫助他人，但卻沒有得到良好回應時，並不需太難過，因為我們覺得為對方好的事情，對方不一定認同，也不一定是當下最需要的事。

幫助需要有信任基礎，否則幫助與找麻煩只有一線之隔。幫助需要建立在真誠關心之上，否則幫助與操控，會讓人分辨不清。有滿腔熱血想助人是值得喝采的，只要記得建立在信任與真誠上，助人將會是快樂且雙贏的事。

有個學員與他人合夥經營律師事務所，公司裡還有一位助理。以往他都是自己做自己的，只專注處理委託人的事情，比較少去注意這位助理。這位助理的個性向來比較活潑，但是有一天他發現助理的態度變沉悶了，而因為自己在卡內基上課，他覺得應該要主動關心他人，所以想突破以往的自己。

他主動關心助理，問他為什麼最近工作情緒變低落了，助理回答他，因為之前工作的排程沒有處理好，造成合夥人的行程撞期，但是那位合夥人既沒有罵人，也沒有其他表示，讓他很害怕。他不知道老闆在想什麼，會不會哪天突然情緒爆發，這一直讓他很不安。

這位學員聽完後，心想如果是自己也會很擔心，這樣不聞不問的態度，真的很可怕，所以他決定去跟合夥人談談。

結果，那位合夥人說自己其實也悶很久了，一直不知道該怎麼處理助理的錯誤，所以就先擱在一旁。這位學員向合夥人分享了一些卡內基的處理方法，合夥人聽完後覺得很受用，便開心地去找助理談了。

在這個過程中，合夥人學到如何當一位領導人，而助理也學到怎樣將工作做好，並提升效率。

激勵的話

付出與獲得，同樣可以得到快樂與滿足。為家人付出，張羅營養的早餐，雖然忙碌卻有付出的溫馨。為朋友規畫旅遊，讓朋友玩得盡興，雖然費時卻有付出的快樂。為同事充電，讓對方突破、展現真正的實力，雖然費心卻有付出的感動。為自己找尋目標、努力調整，讓自己可以平衡工作與生活，雖然費力卻有著付出的堅定。付出看似麻煩、費時費力，卻是自主性的行動，贈品則是不同的收穫。

原來你工作得
這麼不快樂，
我真該早關心
你的。

方法2

自信沒人能給，你只能從小事開始建立

美國資深心理治療師巴登・葛史密斯曾提到，經常生活在疑慮、不安或相互比較的環境下，會持續打擊一個人的自信心。當長期缺乏自信，會使人們容易喪失挑戰的勇氣，且失去想要突破的力量，低落的情緒更會進一步侵害生活與工作等層面，嚴重的話，甚至會扼殺生存的意志。

在你身邊一定有許多充滿自信的人，相對地，也會有完全相反的人。有自信的人，會讓人覺得能量滿滿、活力十足，總覺得在他的人生中，似乎沒有完成不了的事情；沒有自信的人，則經常給人一種憂鬱的感覺，還有種像是被衰神找上的錯覺，任誰都不喜歡靠近這樣的人。

不論你是哪一種人，不能否認的是，成功的人都有一定的自信。這些人的人生和其他人的並沒有不一樣，有些甚至還更困苦，但是為什麼有自信的人比較容易成功呢？因為他們不會「打擊」與「否定」自己。

每天成功一小步，是建立自信的一大步

其實，建立自信心並不難，每個人都有一些小小的成功經驗。例如：不常爬山的人某次跟朋友相約爬山，在邊聊邊走的過程中，不知不覺登上了以往沒有到過的高度，看到了不同的風景，小小的一個插曲，就會讓他充滿信心，相信自己其實可以突破。只要多累積一些像這樣的小成功與小突破，當一步步地跨越後，就會讓人愈來愈有自信。

失去自信的原因有很多，絕大多數來自於害怕或恐懼，也許是害怕失敗、被責罵、被嘲笑、失去安全感或被發現自己能力不足等，當害怕大過於改變的慾望時，人就不會行動了，這是一個惡性循環。

卡內基的課程設計中，有一部分是為了幫人建立自信而發展出來的，我們需要

實際應用，才能看到具體實效。要建立自信心，得先從了解自己的優點開始。

建立自信超簡單

有幾個小方法可以讓我們找出自己的優點。首先拿出一張紙，列出過往有人稱讚過自己的話，再怎麼簡單一句話都可以先列出，然後回想看看自己幫過別人哪些忙，或者自認的優點是什麼。再來，詢問身邊朋友自己有哪些優點，最後再把這些全部整理出來。接著，克服恐懼。**卡內基認為培養自信最好的方法就是，去做你不敢做的事，然後擁有成功經驗。**

剛開始時，你可以選擇跟著團體一起突破自己的恐懼，然後再設立稍具挑戰性的事情，並且想辦法完成。如此一來，就可以慢慢建立起自信。

最後提醒大家，想要建立自信心，負面的話語不要聽太多，也不要一直讓自己跟容易抱怨、容易批評他人的人相處太久，盡量與會鼓勵自己、協助自己的人相處，會來得比較好。

你有沒有遇過這種人：對自己不太有信心，當別人有些質疑時，他就會更沒信心了，然後會將責任歸咎到他人身上。有一個學員跟我說最近壓力很大，因為兩個星期後公司有業務考核。

我問他：「那你做了些什麼？」他回答：「因為我現在在上課，所以只好盡力而為。」我又告訴他：「你一定沒有很想做好業績。」他不開心地回答：「我有，我說我會盡力而為。」我回覆他：「你都沒有想到自己業績落後的原因，以及該怎麼追上，你只是說『盡力而為』，其實根本沒有計畫。只剩兩個星期了，你有列出拜訪計畫嗎？要怎麼樣努力多找客戶洽談？有沒有努力到最後一分鐘都不放棄的決心？如果你自己都放棄了，客戶一定也會放棄你。」

聽了我這樣說，他真的開始列出所有的客戶名單，然後追蹤，並且想辦法達成使命。縱使身邊的同事都不看好，他依然沒有放棄。後來他很開心地告訴我，最後一天他光臺南高雄來回，就跑了三趟，為的就是去收件簽約，真的忙到截止時間那一刻，並且也追到業績了。他說之前還懷疑自己不適合當業務，但是經過這一次的經驗，他不再懷疑，而是相信自己可以做到。

激勵的話

我們如果一直看到別人的不好，最後也會開始不喜歡自己；我們如果一直擔心自己做不到，最後也會把自己陷入困境。正向，不是口號，而是心態跟行為。

連桂慧老師給經理人的第⑤堂課

不知道你有沒有遇過一種人：能力很好，但就是沒什麼自信，我就遇過這樣一個例子。有一個學員，他的外文程度很好，工作能力也很強，他在外商公司工作，擔任老闆的助理。

他們公司在全球都有據點，每季固定都要開會，有時在香港，有時在泰國，有時則在新加坡。每次開會時，各地的高層主管都會出席。老闆的簡報都是由他製作的，不管收集數據、整理資料等，他都做得非常好，深得老闆賞識。

有一次老闆問他要不要一起去開會，並且希望這次由這位學員親自做簡報。這樣一來，總公司上層會看到這位助理的能力，讓他有機會可以往上爬。但是這位學員當時沒有察覺老闆的用心，直接拒絕了，說自己只想待在幕後，而老闆也沒多說什麼。

隔了半年後，又要去參加主管會議。他做好了簡報交給老闆，老闆也再度問他要不要試試看，他依然拒絕了。這次，老闆語重心長地告訴他：「坦白講，我邀請你是因為我看到你的才華，可是你一直不敢推銷自己，這真的很可惜。你要知道，我不見得會一直待在這個位置，也不見得一直會有人像我一樣這麼賞識你，你要不要好好想一想。」

這個學員回去想了很久，他發現這樣下去真的不行，所以他去上課，選擇改變自己。卡內基是間隔式的課程，他上課上了一段時間後，發現自己真的有所不同了。

後來，他又遇到每季固定的主管會議，這一次做完簡報後，他主動跟老闆提出要同行的想法，老闆也很開心地帶著他一起去新加坡。他在會議上用英文條理分明地說明臺灣區的狀況，引起大家注意，連大老闆都在詢問。隔了半年後，香港剛好有個主管職缺，他的老闆趁勢推薦他，而他也真的獲得賞識高升了。

由此我們可以知道，有能力卻不懂得展現時，一切都沒有辦法被看到。如何訓練自己的表達與呈現自我，其實是可以鍛鍊的課題。

激勵的話

有遇過這樣的人嗎？明明是塊玉，卻常常認為自己是顆石頭，總是打擊自己，忽略自己的成就。只要給對方法，給予足夠的信心，不論埋得多深的玉，終究會被發現，一定能展現光芒，那就是「自信」的力量。

凡事多練習，才能累積自信。

方法3

不批評、不抱怨、不責備的好人緣法則

沒有人喜歡被批評、責備或抱怨，那會讓人感覺不舒服。但是，如果我們在這樣的環境中成長，也會不自覺用這樣的方式去對待別人，這就是慣性。

換個角度思考，這樣的方式會讓人生比較順遂嗎？當我們在批評、抱怨與責備他人時，事情就會如我們所想嗎？似乎也沒有，而且還常常讓狀況失控。

或許有人會說：「已經習慣了很難改」、「老一輩都說不打不成器」、「我只會這樣的方式」，或是「就是改不了脾氣」等，其實，卡內基所說的「三不」政策，只是單純地將心比心。我們不願意接受的事情，就不要加諸在別人身上，而當你用批判、責備的方式對待他人時，別人也會用同樣的方式對待自己。

再者，當一個人一直處於不滿與抱怨的情緒下，人生不會快樂，也不會順利，還會因此和身邊的人疏離。畢竟，沒有人喜歡待在老是抱怨和挑剔的人身邊！

將心比心，換個方式說話

希望事業、家庭與人際關係都能朝正向發展，只要換一種方式看待事情即可。卡內基的三不政策，並不是要你不去處理錯誤的事或令人不舒服的人，而是換一個方式處理。

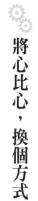

舉例來說，很多業務常被主管詢問為何總不見人影，聽起來似乎像指責，但也許事情並不是這樣。如果這時候直接反駁、和對方起衝突，或在背後批評主管，都不是好的處理方式。這樣一來，有可能加深主管對你的誤會，也會讓主管覺得被人在背後捅一刀，那怎麼還能專心工作呢？這時你可以換個回答方式。

你可以說：「我其實有進公司，只是剛好在忙客戶的事情，或許跟您的時間錯開，因此才沒碰到。我最近在忙的拜訪行程是……」，藉此婉轉告知自己的行蹤，就能讓主管安心。畢竟他身為老闆和你之間的中階主管，有義務了解你的狀況，以免被責備督導不周。只要多站在對方的角度思考，就可以做到「不批評、不抱怨、不責備」這三項了。

易怒者要學會自我控制

很多人認為，自己的情緒天生就比較容易爆走。其實，想收斂也不是不可能，只是需要經過時間磨練。若是知道自己屬於情緒容易起伏的人，有幾個小方法可協助控制情緒：

1. 深呼吸

深呼吸可以幫助含氧量增加，也可以重新振奮思緒，當感覺快要爆走時，就提醒自己深層呼吸。不僅可以緩和情緒，也可以沉澱下來，讓自己有多一點時間思考，有沒有發脾氣的必要，等冷靜過後再做其他動作。給自己一些冷靜思考的時間，可以避免很多不必要的爭執。

2. 提升自我

人的情緒容易爆走，多半是因為對周遭的事物不滿，但是不可控制的變因太多，最好的解決方式就是「提升自己」。當自我能力增強且自信也增多後，就相對擁有更多改變和選擇的能力，不妨從自我提升開始試試看吧。

有位媽媽成員和女兒的關係非常不好，她來上課時，聽到我們講述人際關係中有一段「不批評、不責備、不抱怨」的法則，便直說這是不可能的事，然後就開始批評起女兒有多難搞、多不優秀等等。

之後的每一堂課，當同學在分享運用課堂上學到的技巧，怎樣讓人際關係產生變化時，她總是會說：「啊，你那是遇到好搞的人，你根本不知道我女兒有多難搞，根本就無法溝通……。」

有一天我忍不住問她：「妳來上課到底是為了什麼？」她回答：「當然是想要改善女兒跟自己的關係。」我反問她，要不要嘗試不以原來的模式和女兒溝通。

這對母女之前的狀況是只要一開口就會吵架，後來，神奇的事情發生了。前幾天，她告訴我有天女兒下課回來，看起來很疲倦，臉也很臭。以往她會直接叨念幹什麼搞得這麼累，但這次她忍住了，只關心女兒有沒有吃飯。

等女兒吃完飯、洗完澡後，女兒跑到她的房間，她覺得很訝異，畢竟女兒很少有這樣的舉動。然後女兒跟她說覺得好累，想要休學。

她一聽到這些話，脾氣又差點衝上來，但這次她也忍住了。她耐著性子問原因，女兒只回答真的覺得累了。她一時想不出要說什麼，只好說：「如果真的很累了，就先去休息吧。等妳休息夠了，我們再來聊。」

沒想到，隔天女兒主動感謝她的體諒，並表示自己只是太累，一時情緒低落，並不是真的想休學，她還跟媽媽道歉。

這位媽媽學員跟我分享時，非常開心，她說以前對女兒的期望很高，但是女兒根本做不到，而她自己也不懂得傾聽和互動。想不到，換個方式溝通，竟然可以改善他們的互動關係。

激勵的話

我們常覺得自己的所作所為是一種關心，但如果讓對方覺得是負擔或是壓力，就不算真正的關心了。如同送禮給別人，不在於禮物的貴重與否，而是對方感受到多少「心意」。所以，關心與照顧都是以「對方的感受」為主，如果對方沒有感受到我們的關心，那就退到對方覺得「輕鬆」的距離，這也是「放過自己」與「尊重別人」的一種方式！

今天你想說的一句好話

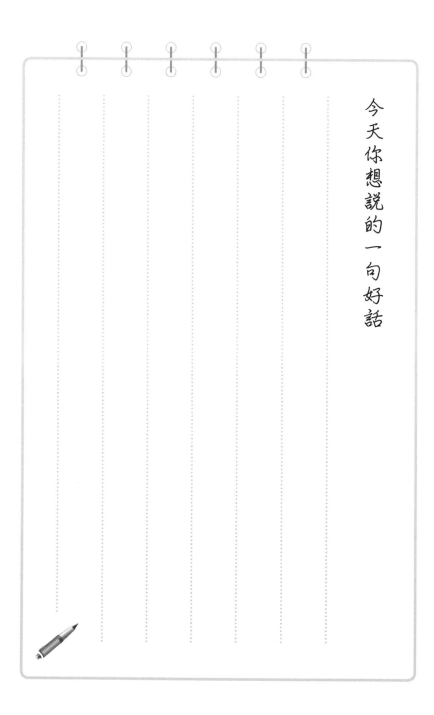

有個學員告訴我，她不是個很有耐心的人，所以在親子相處間，總是扮演黑臉的角色，而老公則扮演白臉。她擔心當小孩漸漸長大，尤其到青春期時，親子間的溝通會有很大的問題。

今年暑假，兒子遇到了交友的問題。剛開始，親子關係很緊張，她想要協助自己的孩子，卻不知該從何開始，加上自己個性急躁，所以兒子根本不想跟她溝通。

後來她用卡內基課程中的一條原則：「不批評、不責罵、不抱怨。」雖然不知道該怎麼跟孩子溝通，但是她告訴孩子：「我相信你，我們一起來解決這件事情。」也不知道這樣講對不對，但是她總覺得應該先這麼說。

沒想到，孩子慢慢對她產生信任感，也願意告訴她自己的交友狀況了。處理完交友問題後，她去參加兒子班上的懇親會，老師跟她說，兒子在一篇文章上寫到，自己前陣子遇到交友的問題，也提及他知道家人永遠都會支持自己的事。她聽完後，激動到眼淚都快流下來了。

青春期的孩子，常聽不進去他人的建議，而當她說明自己的想法，並表達支持的立場後，才讓孩子感受到自己的關愛。她說往後都會跟孩子分享自己的生活、工作狀況，還要跟孩子相約一起去路跑。

激勵的話

放手與放任不同，就是「我信任你」與「我隨便你」的差別。看著你已準備好，我們願意放手讓你獨立表現；知道你雖然有一些恐懼，但是已有能力可以創造自己的路；了解你有自己的目標，有自己的想法，即使我們有許多不捨，依然願意放手，因為我們希望你過得比現在好。

放手的過程中，代表我們對你信任、包容、諒解、割捨與祝福，那是我們送給你，一份包含著「愛」的禮物！

媽，你說我考100分就可以打電動，這兩張考卷加起來剛好100……

方法4

一句真誠的讚美，勝過一百句「關心的責備」

美國著名心理學家、哲學家威廉・詹姆斯（William James）曾說：「人類本性最深的企圖之一，就是期望被人讚美和尊重。」

少年史提夫・摩利斯（Stevie Morris）的眼睛近乎全盲，但是他的聽覺天生非常敏銳。有一次，老師拜託他聽聲辨位，因此找到從學校實驗室裡逃走的老鼠。老師對史提夫多有讚美，也從此開啟了他嶄新的人生。

在一九七〇年代，他以「史提夫・汪達」（Stevie Wonder）之名揚名世界，他是美國流行樂壇中，二十多年來最有影響力的音樂家之一。他的作品有很強的思想性和流行性，是黑人搖滾和汽車城音樂（註：汽車城唱片是一九五九年在美國底特律設立的一家唱片公司，以發行靈魂樂和黑人音樂為主）的重要代表。

如果沒有當時那位老師的肯定與讚美，或許今日的他不會有這些成就。由此可見，讚美能帶給人多大的力量。

出自內心的讚美他人

「給予真誠的讚賞和感謝」是卡內基的第二條法則。這條原則可以稱得上是卡內基哲理中的精華。

讚美別人時，要秉持著誠實與真摯的態度，最大的重點是，不要將它當作討好別人的工具。真誠的讚賞和感謝，是不帶企圖，更是沒有心機的。一旦其中別有意涵，就非常容易被看破，還會引起他人的反感。然而，讚美當然也有技巧，也需要經過練習。

首先，在讚美之前要先懂得觀察對方，分析談吐和行為，學著找出他的優點。一開始或許會有點不習慣，但是可以先鎖定身邊的人為目標，默默觀察後，將對方的優點記下來。用這樣的方式開始，慢慢地就可以看出對方值得稱讚的地方。

一個好的讚美必須是具體的。很多人不善於讚美他人，其實是因為缺乏練習。在卡內基的訓練中，將讚美分為三個層次：

1. 讚美外在事物，例如外表、穿著等。
2. 讚美成就，例如工作表現、學業成績等。
3. 讚美優點和特質，例如做事仔細、用心。

卡內基課程也經常建議學員，從最親近的家人開始，當作是練習讚美的最好對象。我們不會帶著企圖與目的讚美家人，而且讚美家人其實是最困難的挑戰，正因為很親密，往往也是最容易被疏忽的人。因此，建議可以從家人或是伴侶開始練習，效果通常非常好。

另外，對於不擅言詞的人，卡內基課程也建議另一種方式：寫信或是寫卡片。但請記住，讚美要即時！遲來的肯定，被稱讚者可能無法感受到你的誠意，甚至也許已經忘記自己做過哪些事情，因此建議大家要適時稱讚他人。

連桂慧老師給經理人的第⑧堂課

有一位男同學非常認真，常常來卡內基上課，但是我每次看到他時，都覺得他不太會表現出喜怒哀樂。

有一堂課程的目標是「感恩」，我問他想要感謝誰，他回答想要感謝爸媽。問他為什麼？他回答，當年剛退伍，不知道要找怎樣的工作，只好閒在家中。爸媽當時不但沒有給他壓力、沒有責罵，反而安慰他，要他不要急，慢慢來就能找到自己喜愛的工作。

那段時間，他不敢出門見親友，可是爸媽卻給他很大的空間與支持，讓他慢慢找尋自己的道路。現在的他已經找到自己喜愛的工作了。

但是，在敘述的當下，我發現他一點表情都沒有，所以我又問他原因，他卻說自己也不清楚，因為從小就是這樣。

他跟爸媽之間有種距離感。從小在鄉下生活，大家的個性都比較木訥，他的父母是這樣，他也是這樣，所以不知道為什麼，就是不容易做出感性的舉動。

我那時也不知道為什麼，突然很想幫助他。我問他：「你有擁抱過你的父母嗎？」那時候的他已經四十幾歲了，居然回答我：沒有。我又問，從小到大都沒有嗎？他告訴我至少從他有印象開始，真的都沒有過。

我出了一個功課給他，請他表達這些感恩的時候，要去擁抱他的爸媽。當時他滿臉的不可思議，直說太難。我告訴他，什麼都別管，就是要學著釋放自己的情緒。掙扎了一個星期後，他還是去做了。

當他擁抱了爸媽之後，他的媽媽哭了，他說那樣的溫暖很難形容。媽媽告訴他：「不管你做什麼事情，我們都會永遠支持你。」聽到這句話，這個學員也哭了。而爸爸的反應就比較特別，一直追問他發生什麼事，怎麼今天這麼反常。他告訴爸爸，他在課堂上學到感恩時要擁抱對方，所以他就這樣做了。

他和我分享，這是他人生中非常難忘的時光，在四十幾歲後，還可以感受得到跟雙親之間的心靈交流，真的很難得。很多事情是我們不習慣、會害怕、不想做的，但是當我們跨出那一步時，結果往往會比預期還要好。所以不要害怕，勇敢去做吧。

激勵的話

在父母眼中，不論我們年紀多大，他們還是會把我們當作孩子。孩子可以做什麼？盡情撒嬌、說些無厘頭的話、對爸媽親親抱抱、一起做些打發時間的活動。在父母面前，找回我們的童真，這也是一個令人難忘的好禮物。

真是太感謝你了，
沒有你，我就不能
早點下班了。

方法5
運用微笑的力量，是人類CP值最高的工具

你身邊一定有兩種人：一種是表情經常變化，感覺很有朝氣，笑起來非常開朗的人；另外一種則是臉上像掛上「閒人勿擾」的吊牌，十足冰山型的人。

其實表情跟內心想法有很大的關聯性。很多人只喜歡在自己熟悉的圈子中互動，這樣的人只要面對陌生人，臉上的笑容自然會全部都收起來，有個較好聽的說法是「慢熟」，但這樣真的好嗎？也許不會不好，但是肯定沒有加分效果，有時甚至會讓人退避三舍，而自己也搞不清楚為什麼很難融入其他人。

微笑是全世界通用的語言

在世界各國語言不通的狀況下，微笑是最快速可以拉近彼此距離的方式，只需要動一下臉頰的兩塊肌肉即可，算是CP值最高的工具。

人人都可以練習微笑，只需要一面鏡子，就可以研究自己微笑的角度與神情。經常微笑的人，自信度與幸運度都會比較高。

舉例來說，我們去一家店買東西時，如果有兩位店員，專業度差不多，一位總是帶著微笑回答你的問題，另一位則是面無表情，你會比較願意跟誰購買東西？我想大部分的人都想跟前者購買吧。

既然，我們都喜歡跟有笑容的人相處，那麼就從自己做起，也帶給別人開心的一天吧！

讓自己保持心情愉悅，就能真心微笑

或許你會說，就是沒有特別想笑的事情，那麼本書建議你或許可以用以下幾個方式：

1. 每天早上都給自己一個稱讚。

2. 多回想有趣的事情與經驗。

3. 常告訴自己：「微笑比較容易吸引幸運之神。」

常保心情愉悅，對生活積極、熱情，不用勉強自己也可以真心微笑。

微笑是人際關係的最佳潤滑劑

每個人都有過這樣的經驗，當遇到對著你微笑的人，不管你認不認識他，都會很自然地回報他一個笑容，或是和他點點頭打招呼，這就是微笑的感染力。面帶笑容的人感覺容易親近，也會讓人產生好印象。

有句話說：「伸手不打笑臉人」，更是傳神表達出微笑的力量。人和人交往難免會有一些衝突、紛爭，當你生氣、想發飆時，如果對方尷尬的對你微笑，儘管還沒向你正式道歉，看到他這樣的態度，你的怒氣就會消了一半，甚至會不想跟他計較。所以，微笑可說是人際關係的最佳潤滑劑，在無形當中幫我們消彌了許多不必要的紛擾。

根據研究，當一個人微笑的時候，只會牽動臉部十五條神經；而生氣的時候，則會牽動臉部四十三條神經。常常生氣的人不僅難以親近，看起來也比較衰老。此外，微笑還能減少壓力、提升免疫力，讓人變得更健康。

不妨常常微笑吧，讓自己保有好心情，也能讓人際關係變得更融洽。

連桂慧老師給經理人的第⑨堂課

有位學員是任職於學校的公務人員，她說以往和他人相處的方式都是「合得來則合，合不來就算了，不用溝通。」尤其是面對不喜歡的人，根本懶得搭理。回到家中也一樣。因為上班很累，不常和別人溝通，所以習慣把事情悶在心裡。久而久之，當情緒累積到頂點時，就會無來由地亂發飆，家人跟朋友常受她的情緒影響。

她表示，來卡內基上課學到最大的一件事就是：去做一個「心中滿是平安、勇敢、健康和希望」的改變。

之前有一位同事曾跟她說：「妳這麼認真幹嘛？妳會影響我們，害我被上級念耶。」以往，她不會理會同事說什麼，也不去溝通，但是今年她調單位了，這位同事和她調到同一個單位，觀念、意見不同，在相處上真的很麻煩。

縱使她釋出了善意，對方依然不太領情。本來她想要恢復自己的舊習慣，心想算了，不理會她。但是又想到要是對方沒有做好，很多事情也會落到自己身上。畢竟在同一個單位裡，希望合作的氣氛可以好一些。

所以這位學員就開始練習，只要對方協助自己，就開口道謝。每次跟這位同事說話時，一定保持微笑，並且真誠給予稱讚。一開始，對方沒有太多的反應，這位學員總覺得自己在用熱臉貼人家的冷屁股，但是她沒有放棄，一直遵循著卡內基的原則。

沒想到兩、三個星期後，對方終於回覆一些簡短的話語，也會開口道謝了。要是有事離開座位，也懂得交代自己的行蹤，這些動作讓這位學員覺得事情出現了轉機。

激勵的話

假使遇到一個讓自己頭痛的人，一定要告訴自己，這是一個磨練的最好練習；假使遇到一個總是給自己溫暖的人，一定要告訴自己，這是上天派來的天使。人生的美好是因為我們可以遇見不同的人，促使我們成長。

我釋出善意對他
微笑了，他應該
看到了吧？

方法6

練習「換句話說」，你就少了尖酸刻薄

我們既然已經知道溝通的重要性與技巧，為何有時仍然無法跟他人有效溝通？那是因為你沒有用「對方聽得懂」的方式說話。人大多是主觀的，每個人的家庭背景、生活經歷與喜好不同，所以就會有不同的價值觀。因此對文字的解讀，也不一樣。例如，有些人覺得「出遊」就是要開著車出去踏青；有些人則覺得就是要舉家出國。

如果只光用自己的價值觀去跟對方溝通，一定很容易出現認知偏差與誤會。卡內基對於溝通提出的前提就是「先懂得傾聽」，如此才知道怎樣的話語比較可以讓對方接受。

「換句話說」是必須要經歷的階段

與他人溝通時，如果發現對方一直無法了解自己的意思，那麼就需要不斷地「換句話說」。

很多時候，人會因為溝通不良而不繼續交流，或是一開始沒有用別人可以接受的方式溝通。**「溝通」的原則是雙方有效達成共識，如果只是單方面的說，一定沒有辦法順利達成。**

因此，在不斷練習「換句話說」的過程中，也會愈來愈了解，什麼是可以讓大部分人接受的方式。我們可以先觀察自己的生活、工作或是其他需要大量溝通的時機，就能得知當面對不同族群時，可以做哪些調整。

舉例來說，如果資深主管要帶人，但新世代常用流行語交談，那麼為了有效溝通，有時候也要多留意流行用詞，增加溝通的順暢度。其次，說明時客觀且中立，並且使用簡單明瞭的文字。只要記住，**溝通的關鍵在於將正確的觀念明確地讓對方知道，透過不斷地練習「換句話說」，就能找出可以正確傳達的方式。**

今天你想說的一句好話

當我們跟別人溝通時，有時講道理沒有人要聽，這時候可以試著用說故事的方式來表達，或許效果會更好。

我有位學員是一位化學老師，他在帶國中生時，經常提醒他們要注意安全、小心酒精燈，但是大多數的學生都漫不經心，注意力不集中。後來他想了一個方法，在做實驗之前，先跟大家講一個故事。

他說他有一位親戚的女兒，長得很漂亮，準備要去美國結婚，已經在籌畫婚禮了。因為要嫁去美國，所以很多親友想幫她餞行，請她吃飯。

當時是冬天，天氣很冷，親友們請她吃火鍋。因為冷，所以她一直圍著圍巾，而火鍋下面用的正是酒精燈。後來服務員在添加酒精時一不注意，竟燒到她的圍巾。圍巾是易燃品，一碰到就整個燒起來了，結果搶救不及，導致她的臉部重度灼傷，治療了很長一段時間。

講到這邊，這位老師學員停下來，他問大家有發現酒精燈是很危險的東西嗎？

這時所有的學生都很安靜地點頭，並且異口同聲說要小心使用。他跟我分享，這是他講述實驗室安全守則時，最成功的經驗。

從這件事情我們可以知道，很多時候，我們一心急著說完事情，但是不見得能讓對方聽進去，如果可以改用對方聽得進去的方式來講，效果反而會更好。

激勵的話

「溝通」就是需要用對方聽得懂的話來說。有時單方面急著表述，反而讓人聽不進去，若是換個方式表達，也許會讓人印象更深刻。

我有一個學員負責承包工程，身為主管，每天都得在工地裡穿梭，往來接觸的都是工人。

因為在工地工作，一年四季不管颱風、下雨，都必須照進度進行。不像一般上班族，天熱時有冷氣吹，下雨躲進辦公室就好了。所以，大多數工人，脾氣都很火爆。

當他叫工人做事時，如果對方不順從或是頂嘴，常會讓他很生氣，忍不住飆粗話。後來，公司內部安排了卡內基訓練的課程，他說他從來不知道，「讓人覺得重要」以及「做好態度控制」，是這麼重要的事情。

有一次，有個工地的工期已經有點延誤，要是在兩個星期內沒有完成，公司就要賠償大筆的違約金，但是如果提前完成，則可以拿到獎勵金。公司想盡辦法要達標，所以就對他下達指令。當他一拿到指令，馬上就和第一線開怪手的同仁溝通，表示這次進行的方式將不同於以往。

結果，開怪手的同仁很生氣，跟他抱怨：「我的工作流程都已經安排好，工具也已經就定位了，你現在叫我改，所有的事情就要全部重來。」

這位主管學員說，要是以往，他一定會忍不住直接飆粗話，但是這次他先壓下自己的怒氣，換了一個方式：「我也知道這會讓你很難做事，但是公司發了這個任務下來，而你在這個工地中是最資深的，所以我先過來跟你討論，請你幫我想想看要怎麼進行。」

沒想到，這位開怪手的員工嚇了一跳，他從沒想過主管會這樣跟他說話，還會詢問他的意見，結果他氣也不生了，連忙想辦法處理。

因為這樣的調整，讓工地的工期提早結束，而公司也因此多賺了一百五十多萬的獎勵金。只是稍微改變態度，竟然可以有這麼大的效果，讓人覺得很有趣。

激勵的話

改變有時會令人擔心害怕，所以有人會丟出困難和負面的字眼。這時我們要做的不是說服或認同，而是溫和且堅定地帶領改變，那才是「擁抱改變」的真正價值。

換句話說，想要
求加薪是吧？
老闆，你知道的，
現在多了一張嘴要
吃飯。

Part 3

不用命令，也讓團隊為你賣命的「領導」課

你抱怨屬下不努力的遊戲，得停！

不管在哪個國家，職場上總是常見主管與下屬互相對立的狀況。不是主管訓斥屬下不努力，就是員工抱怨主管們只會出一張嘴等等。可是，我們都清楚，優秀的團隊才能創造出成功的事業，畢竟沒有誰可以一個人做好所有的事，而身為領導者，如何帶領下屬與凝聚團隊向心力，更顯得重要。

好的領導者必定是傑出的溝通者，能夠激勵人心，就可以讓屬下自動自發地跟隨，並展現出最棒的成就。因此，出色的領導者會提升自我溝通表達能力，並有辦法讓團隊全心全意為目標打拚。

團隊中的每個小零件都很重要

團隊中的每個成員都有不同的特點，每個角色的位置安排都經過深思熟慮，如同一只設計精良的機械錶，每個零件都得環環相扣，當所有環節銜接得宜，並且確實運作時，才能使機械錶不斷轉動，團隊合作也是相同的道理。

然而，每個人來自不同背景，會有不同的價值觀與處世之道，如何依照專業技能將每個人放在適當的位置，考驗著領導者的智慧，而成功地讓這些專業人士互相合作，發揮各自效益，達到互補與創造成績的目的，則是領導者的能耐。

卡內基對於溝通技巧提出了明確的見解，更針對領導者如何帶領團隊、凝聚人心，提出明確的方法與步驟。該怎麼做？後文將和讀者一起分享。

第1課

先說自己的錯才去指責，對方才聽得進去

傳統的管理者會將自己與屬下區隔，覺得員工是請來幫自己解決所有問題的人，因此會將所有問題都丟給他們，如果沒有圓滿解決，就將他們資遣。

就管理者的角度來說，這當然沒有任何問題。但是，這樣的方法容易造成人才流失，使得員工離職率高升。許多人在評估工作時，並不完全以薪資作為唯一考量，而是會觀察工作氣氛，看團隊是否有共進退的情感。工作上會遇到的問題，不僅存在個人身上，也同時考驗著企業經營的大方向。如果永遠都沒有遇到問題，這才最讓人感到詭異，畢竟拓展新領域或是發展新技術，本來就需要邊實作邊修正，「遇到問題」才是常理。

有問題，絕不會是一個人的問題

如果每次遇到問題時，領導者就要下屬或是員工來扛責任，結果可想而知，這樣的團隊一定留不住人才。許多時候，問題解決不了，並不是只有一個環節需要調整，更不會只是一個人的問題。因此，若是管理者願意主動將問題承擔下來，並帶領團隊所有的人，一起尋找解決辦法，就可以激勵團隊、達成共識，不只可以解決問題，還能達到更好的效果。

連桂慧老師給經理人的第⑫堂課

大家都有過處理他人錯誤的經驗吧？不管是老闆、主管、屬下，還是新員工犯錯，都常會讓我們覺得生氣。

我有個學員是公司的總經理，年紀輕輕便自己創業。他有一位得力助手，公司是兩人一起打拚起來的，所以他相當器重這位助手。

當這個助手在帶領團隊時出現一些問題，總經理想幫助他，但他又不太願意講出來，讓人想幫也不知道該從何幫起。總經理只好將自己知道的事全部告訴對方，希望可以知道問題的癥結點，並找到解決方案。對方看起來似乎有在聽，卻仍然沒有達成共識。

有次，這個助手同仁犯了一個錯，讓公司承擔了相當大的虧損，讓總經理非常生氣。以往的他會劈哩啪啦地告訴對方，應該怎樣做，但是他忽然想起在卡內基上課的經驗，課堂上常說到「先說自己的錯，再說對方的錯」、「設法讓對方覺得點子是自己想到的」。他心想，或許應該改變一下自己的方式。

他將那位同事叫來辦公室，並且告訴他：「我覺得公司這次的損失，不能完全怪你，我自己在領導上也要負責，可能是我沒有盡力將你帶好。」當這位總經理這樣說的時候，他的助手同仁愣住了，他說：「其實是我的問題比較大，我讓公司虧損了，當事情發生時，我已經發現自己犯了好幾個不該犯的錯。」

總經理又說：「這樣子啊，我想你在公司裡這麼資深，應該有很多解決方案吧。」同仁回覆他：「對，我有想到要……。」於是，總經理就將辦公室讓給這位同仁，要他利用那裡很大一片的白板，好好思考該怎樣處理，並且寫下來，寫完後再下班。說完後，總經理就離開了。

隔天當總經理踏進辦公室時，嚇了一跳。他看到白板上面寫著滿滿的建議方案，以及公司的整體狀況，該如何處理、有哪些方案，比他預期的還要詳細，他看了非常感動……。

激勵的話

與其一味給予別人建議，不如讓對方自己思考，找出方法，並且願意去改變，這會比我們單方面要求別人改變，來得更有效。

看來你主管想通，
終於願意放手了。

第2課 用詢問代替命令，就算下火海也甘願

每個人都喜歡被尊重的感覺，責罵或是命令式的態度，都會讓人感到不舒服、不被尊重，所以身為管理階級，不妨可以用「詢問問題」的方式，來與下屬溝通，取代直接指責和單方面要求的模式。

一來可以顧及對方的尊嚴；二來也可以明確指出錯誤。舉例來說，如果希望下屬可以盡快將進度完成，原本你會說：「明天中午前，要給我交出結案報告。」現在則可以改為「我非常需要這份結案報告來評估狀況，我知道你手上有很多事情要處理，我們可以想一下該如何安排順序，好讓你在明天中午前，可以幫我先寫出這份報告。」

改用這樣的方式，不但執行的屬下有被體貼到的感覺，也會願意思考如何彈性

調整手邊的事情，以達成目的。

換個說法，讓溝通更暢通

溝通大師卡內基，曾經聘用自己十九歲的姪女擔任祕書，但因為她總是犯錯，每每讓卡內基想開口責罵。不過，一想到姪女的工作經驗少，年紀也輕，不應該用自己的要求同等對待她，於是卡內基決定以「先承認自己有錯，再指正他人」的方式，來跟姪女溝通。

他說：「我以前也經常犯下許多類似的錯誤，這要靠經驗累積，不是天生就會。而且我在妳這個年紀時，根本比不上現在的妳，我實在沒資格批評妳，但我想，依照我的經驗，這麼做也許會讓妳少受一些挫折，妳可以試試看……。」

就這樣，換了一個說法，取代責罵，也讓卡內基的姪女明白他的用心。

連桂慧老師給經理人的第⑬堂課

工作團隊裡，總會有解決不了問題，就放著不管的人，該怎麼處理這種狀況呢？有位學員說，在他的團隊中，每位成員都要輪流為大家做教育訓練，但是每次輪到A同仁時，雖然他也是主管階級，但是只要逼近舉辦教育訓練的時間，他的大綱、訓練講師人選等等細節，常常無法準時提出。

這位學員很心急、擔憂，每次都怕A同仁會開天窗。有一次他實在忍不住了，便和另一位負責同事，一起氣沖沖地跑去質問A同仁。

A同仁看到他們兩個一副興師問罪的樣子，就開始找了很多的藉口推托。這位學員跟我分享，他當時非常生氣，心想這位A同仁好歹也是個主管，怎麼一副不負責任的樣子，也不夠有擔當，就只會找藉口。隨即他想起自己上過卡內基的課，課程中提到要顧及別人的面子，並且可用問問題取代直接要求。

因此，這位學員開口告訴A同仁：「其實，你的工作經驗相當豐富，我們根本不擔心這件事，我們都相信你可以做得很好。我們是一個團隊，來問你的主要目的並不是質疑，而是想知道有哪邊可以幫得上忙？」聽了他這樣說，對方的表情跟現場氣氛就緩和下來了。

A同仁回覆：「我只是還有一個小構思還沒有修改好。」這位學員繼續問對方有什麼想法、想進行的方式與時間表安排等等。到了最後，他們終於達成協議，並在當下就討論出所有的細節。

激勵的話

遇到事情時，我們常常急著解決，有時有效、有時沒效，很少靜下來思考問題的關鍵點。若想要節省時間，冷靜處理會比急著解決有效率得多。

連桂慧老師給經理人的第⑭堂課

我有位非常熱情的朋友是護理人員，她說每當有新人學妹報到時，她都希望能趕快教會新人。她習慣的方式就是一直說、一直說，感覺起來，新人似乎都聽懂了，但每次放手讓她們自己實作，就會出問題。

有次她跟我聊到這件事，我告訴她，也許下次可以使用詢問的方式；先問對方有哪邊不太懂，然後再說明，不要一開始就一股腦兒的，將自己的知識與經驗全部丟給對方，也不管對方是否真的能吸收。每次講解一小段，說完就讓她們動手操作，並再次詢問是否有不懂的地方。

回去後她試了這個方法，發現情況真的改善了。我這位朋友本來就很會照顧人，也會關心對方上班的情況，因此新人也開始主動反應遇到的問題或病人的狀況。改以這樣的方式進行，不但流動率下降許多，也不需要一直重複教導，新人的學習成效也變得更好了。

激勵的話

當我們有新點子時，最怕遇到三種人：

第一種：聽不懂我們在說什麼。

第二種：聽了之後沒有任何反應。

第三種：聽到一半，立即打斷，搶著說自己的其他想法。

沒有人喜歡被忽略，也沒有人喜歡被打斷，想要贏得信任，尊重與學會問問題，是一個非常重要的練習。

別擔心，我很開明的，有意見現在就可以提出來。

第3課

先沉澱再開口，以免把情緒罵出口

人在情緒低落的當下，處理事情往往容易意氣用事，或是脫口而出日後會後悔的話。因此，當情緒較差時，建議先別急著做決定或是與他人溝通、洽談。

愈是身處高階職位，需要負擔的壓力就相對比屬下大，面對抉擇的時間也愈多。該如何處理這些接踵而來的高壓呢？本書建議你，先找出沉澱情緒的方式，這是最重要的練習。

沉澱情緒後，思維會比較清晰，也會想得比較周全。只有思緒不受情緒左右時，才能客觀地分析現況，並找出相應對的方法。與人溝通也是如此。

說話會反映出當下的情緒，當我們情緒低落時，就容易說出幽怨的話，但是聽者不一定明白是因為當事人的狀態不好，因此很容易產生誤解。

成功領導者，要學著不受情緒左右

以下有幾個沉澱情緒的好方法，不妨試試看：

A. **給自己一小段時間與空間**：當負面情緒來襲，掌控不了時，最好讓自己先離開現場或是先獨處，等到情緒平復後再思考。

B. **數數字或是深呼吸**：獨處時，可以在心中默數數字或是做深層呼吸，讓情緒沉澱。等到心緒穩定後，才繼續溝通或是做決策。

如果你知道自己是情緒較容易起伏波動的人，平時就要找到適合的抒壓方式，並讓自己養成將焦點放在處理事情上的習慣，而非一味任由情緒暴走。放任情緒低落，無助於讓事情變得更好，只會成為自己的絆腳石。

今天你想說的一句好話

我有個學員是外銷業務，公司常派他到日本、美國出差。那天他分享一個經驗：他們有一個配合的經銷商，但是在合作的過程中不是很順利，對方因為希望價錢可以更低一些，所以會找藉口嫌棄產品。剛開始這位學員很生氣，他覺得自家的產品品質很好，怎麼可以被人隨意嫌棄。

後來雖然還是成交了，但是他心裡不是很開心。有次上完卡內基的課程後，他又去拜訪這位客戶。想當然，這位客戶又開始跟他抱怨東抱怨西，又想藉此壓低價格。這一次，該學員不再跟他爭辯了，而是改口感謝他這麼多年來對公司產品的支持。他說若不是因為這樣的支持，公司也無法繼續拓展，而客戶之所以會如此抱怨，一定有其原因，應該一起來看看究竟發生了什麼事。

他分享說，當他用感謝的方式回覆這位經銷商時，對方就不再攻擊公司產品了，並且真的提出具體的建議與銷售方式。後來，這個經銷商的老闆甚至還要請他吃飯。

以往他們都約在大餐廳，但是這位學員心想，如果真的要長期合作，還是應該深入了解對方的生活習慣。所以他跟對方說：「你不要請我去大餐廳，你平常在哪裡吃飯，我們就去那裡。」經銷商老闆非常開心，覺得他就像自己人一樣，後來還帶了老婆出來一起聊天，而他們後續的合作，就再也沒有火藥味了。

我們知道信任的力量就是別人給我們最好的肯定，當我們想要別人信任自己時，也應該同等對待、同樣全然相信他人。

激勵的話

當有人告訴自己：「我相信你。」那是最有重量的一句話，也是人際關係最好的開始。

連桂慧老師給經理人的第⑯堂課

在職場上最怕遇到一種人，就是我們想跟他互動，但是對方卻總是一點反應都沒有。

有位學員曾跟我分享這樣的經驗。她有一位同事，每次交接班的時候，說話語氣總是很不耐煩，而這位學員因為很有責任感，總是講得很仔細，所以會一直感受到對方的不悅，久而久之，學員變得很害怕跟這位同事交接。

後來這位學員來跟我討論，我告訴她，可以稍加留意對方在意什麼事情，也許未來的互動氣氛會變得更好些。

有次她跟這位同事交接早班，她告知對方自己在早上做了哪些事情，而這位同事一如往常，很不耐煩地回答她說：「我知道，我會自己看。」這位學員很生氣，但是她在心中提醒自己不要爭辯。

回家後，她開始自我檢討，是不是在過程中有哪些疏忽，或是過往曾做過哪些讓對方不開心的事情。隔天她去找了這位同事，她問對方：「我是不是以前做過哪些事讓妳感到不舒服，還是交接的時候，我遺漏過哪些細節，而讓妳不開心？我是真的很想將交接的事項做好，但是幾次相處下來，我感覺妳似乎不太耐煩，所以想了解一下是不是我哪邊沒有處理好？」

沒想到，對方居然嚇了一跳，並回覆：「有嗎？我語氣不好嗎？讓妳有這樣的感覺嗎？我自己都不知道，我覺得妳交代得很清楚啊。」因為這樣的機會，兩個人終於開始進行雙向溝通，不僅有機會互相坦承，也化解了誤會。

激勵的話

若我們以主觀評判別人，就不要指望會有好的合作關係，我們應該自行調整與他人的互動關係。當自我退後一步，修復關係的距離就前進了一步。

連桂慧老師給經理人的第⑰堂課

工作上有兩件事情會讓人害怕：處理客訴，以及客訴後的流程和產品改善。

有位學員是公司的總經理，他之前遇到一個非常大的挑戰：有一位公司的大客戶，在一個月內提了三十多件的客訴，讓他快要昏倒了。因此，他做的第一件事就是去了解原物料廠商，看是否有原物料供應上的問題。但是廠商馬上否認，並強調自己的原物料都沒問題，應該是總經理的公司在製造上出了問題。

這時這位總經理心想，在這邊爭論不休沒有用，重點是要面對提出客訴的公司。因此，他想起卡內基教的：「先收集事實。」

事實與證據最能夠說服他人，他將所有產品客訴的原因找出來，遇到不懂的就向工廠的老師傅請教，還將跟客戶對談客訴內容的信件，全數列印出來，收集了約兩百多頁的資料，然後約了原物料供應廠商來洽談。

當他跟原物料廠商開會時，開門見山地表示：「今天我不是要找麻煩，也不是要你們扛責任，而是要找出解決的辦法，改善這個問題。這是我收集到的事實，我想討論應該怎麼解決這個問題。」

原物料廠商一看到他收集的兩百多頁資料，以及和末端客戶的對話內容，就知道這位總經理很有誠意要處理事情。因此，他承諾這次損失就由自己的公司全數承擔，並會協助總經理一起挽回客戶、找出方法。最後因為雙方的互相配合，成功留住了這位大客戶。

激勵的話

和人溝通時，爭論只會讓彼此處在不理智的情緒中，對雙方與改變現況都沒有好處。不要為了顯示我們比較強或是比較懂而爭論，那只會讓對方的防衛心更強，也更容易互相攻擊。

別理我，我得平復
一下心情再工作。

第4課 糾正部屬前，你得以身作則

許多時候，部屬的態度是需要被調整的，但是如何達到提醒和矯正的目的，而不讓人產生反感，就考驗著領導者的智慧。員工、部屬都會犯錯，這是公司經營的必要成本，但是重點在於犯錯後學到教訓，並且能積極改善，如此一來，才能和失敗的經驗一同成長。

如果遇到部屬態度不正確且屢勸不聽時，該怎麼辦？卡內基的著作中曾提醒主管，不只需要轉換溝通技巧，更應該要指導員工的行為和態度。

例如，約談需要調整態度的部屬，了解他的想法，並詢問他看待事件的態度，然後再以軟性的方式告知，如果這樣解決會對公司或部門造成哪些影響等等。

許多部屬不願意承認自己的疏失，一來，是因為他們並不是主管，所以容易有盲點。二來，是因為本身的價值觀有所偏差。這時就必須有人跳出來指引，幫助他們突破盲點。

糾正錯誤，是為了讓彼此都成長

身為主管階級，除了平時要以身作則外，也要適時地讓部屬知道決定背後的原因，讓他們一同參與、一同成長，才能漸漸矯正不正確的態度。我們可以試試以下方法：

A. **即時糾正**：於事發當下主動介入，並且另找機會私下約談。先站在對方的立場設想，再理性告知、分析事情，用詢問的方式，讓部屬可以站在不同的立場思考問題。

B. **長久調整**：領導者以身作則，樹立想要的團隊風氣，並誠心獎勵正確的態度，以作為標竿。

今天你想說的一句好話

今年我帶了一個業務團隊，遇到了一個狀況。其中有一位業務同仁，和同事相處融洽，可是在執行他的業務時，動作卻總是非常慢，常常大家都完成了，只剩他還在努力中。他倒也不是不認真，只是步調慢，常常跟不上。

在公司結算業績的前兩個月，我思考著該如何協助他提早完成。我很興奮地對他說：「你知道嗎？今年我們完成業績，就可以去美國總公司參加聯會喔。」但是他聽了卻一點反應都沒有。

我說：「你為什麼一點反應都沒有，你有機會可以去，應該要覺得興奮才是。」他回答：「反正，今年去的那個地方也還好，感覺沒有很好玩。」我說今年要說去的地方不錯，並鼓勵他還可以參加卡內基聯會。結果他回答我，如果某些同仁不能去，他去也沒有什麼意思。

我才發現，用這樣的方式激勵他行不通，因此我換了一個說法：「如果你達成業績，選擇不去美國也可以，但是不能還沒達成就說不想去，那是不一樣的思維。

再說，如果你現在達成業績，對團隊也有幫助，也有更大的機會可以為自己所關心的行政人員，爭取一起同去的福利。你的業績不是只為了自己，還是為了公司其他同事，為何要因為自己不想去美國而放棄。」

突然間，他開竅了，答應我要好好努力。終於也順利提前達到預定目標，並且去美國參加聯會。

激勵的話

目標達成的過程有多坎坷？最怕自己先設下不可能達成的魔咒，也可能在別人的懷疑中，失去了初衷。不到最後關頭，請不要說出「做不到」的可怕字眼。

你放心，同樣的問
題不會再發生了。
RESUME

第 5 課

聽見、看見他們的努力，自然能凝聚向心力

有家國際知名連鎖公司的老闆曾經說過：「我們沒有必要事事經過批准，因為我們鼓勵所有員工提出能夠吸引顧客的點子，並實際做做看。雖然在執行過程，一定也會得到某些不是我們想要的點子，但為了激發員工的創造力，讓整體購物環境變得更好，這是我們樂意付出的代價。」

想要讓員工有向心力，領導者需要從自身做起。唯有願意將員工看成一家人，才能真的得到他們的重視。

首先，給予「對」的環境。引導辦公室內的氣氛走向「正面」，就從領導者開始。建立正面與鼓勵的心態，並讓員工有「公司就是大家庭」的感受，不要在自家人中比較高低，而是齊力同心對外開拓。

「努力」是最想被看見的事

再來，給積極和有貢獻的員工適當的鼓勵與獎勵，最好是發自內心的稱讚與肯定。領導者可親筆書寫小卡片或是小紙條，讓員工知道，自己的努力是被看見的。

最後，經常保持和部屬、員工的良好互動，讓他們相信，領導者是願意花時間了解他們、重視他們的需求，並協助解決問題。

想讓部屬和員工願意為公司打拚，就要真正做到尊重、善待員工，並讓他們得以發揮所長。

今天你想說的一句好話

連桂慧老師給經理人的第⑲堂課

我有個學員是企業第二代，很年輕時就接下家中企業，來卡內基上課是因為想改善公司內部問題，並提升自己的領導能力。

在他接任後發現，員工之間的溝通不太順暢，甚至有些人根本不願溝通。發生事情時，只會互相指責，不懂得共同討論解決，讓辦公氣氛非常不好，還常有不同的同事跑來告狀。這樣的狀態對公司不但沒有加分效果，還使得生產力降低。

他覺得自己總是疲於奔命，上課後就來跟我討論該如何處理。我問他：「你們公司有辦過活動嗎？」他反問：「什麼活動？」我告訴他：「像是員工旅遊。讓同事間產生互動的活動，可以跳脫出公事以外，互相認識。」他告訴我沒有辦過這類型的活動。所以，我建議他可以說服父親，嘗試舉辦看看和員工一起出遊的活動。

他聽進去了，也說服父親舉辦從來沒有發起過的員工旅遊，還準備了一些小遊戲，要讓員工在四天三夜的旅程中進行，加深彼此的認識。因為跳脫工作環境，大家也變得比較放鬆，無形中更拉近了員工之間的距離。回來後，他發現大家的感情變好了，告狀的情況也少了許多。

激勵的話

暫停五分鐘，讓自己喘息、調整和重整，是放自己一馬的機會。埋首在昏天暗地的工作時，暫停五分鐘，讓自己可以從調整中找到新效率。為了各自意見爭執不休時，暫停五分鐘，可以緩和彼此的情緒，重新扭轉為對事不對人。暫停五分鐘，關注所愛之人的一言一行，能讓彼此的互動關係找到新模式。暫停是讓自己激發新能量、轉換新看法、張開新視窗最省力的方法，一起來試試吧。

不，我說的「凝聚向心力」不是這個意思。
我要當總經理
我要加薪
我要買房
OK!

今天你想說的一句好話

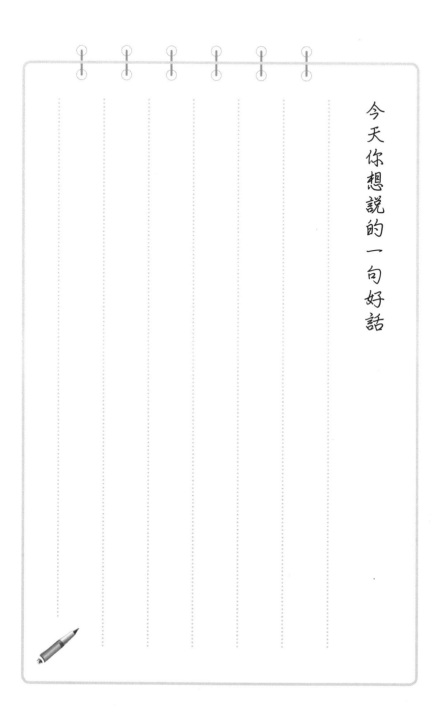

Part 4

家人、自己人，更應說出對他的「鼓勵」

切記！被肯定的感覺人人都愛

每個人都有情緒低落或對自己沒信心的時候，這時如果有一句鼓舞的話，或讓人感覺被感謝，他就可以振奮精神，重新感覺到自身的重要性。許多國內外的管理大師都發現，對待部屬或員工，用適當的激勵來取代責備，會產生令人意想不到的成效。

卡內基在溝通與人際關係上所提出的論點，更是明白地說明，**溝通是一種「相互關係」，是聯繫人與人之間的良好橋樑。不能只是自己單方面說個不停，必須配合聆聽，才能讓雙方互動更好。**

臺灣惠氏藥廠的董事長王文德，就是期許自己要成為一位「激勵型」的領導人，他要求自己凡事用「激勵」取代「責備」。因此，他常激勵自己的員工，不僅增加團隊的自信與活力，更帶動了快樂的工作氛圍。

王文德認為「人都是活在掌聲裡」。在企業裡，溝通是門重要的功課，每個人都喜歡被讚賞、被肯定的感覺，而激勵便是促進領導人與員工和諧溝通的好方法。

用激勵取代責備

他分享以前擔任臺灣惠氏藥廠西藥事業處總經理時的小故事。當時，每三個月都要進行例行員工績效評估。有次意外發現，原本一位績效很好的業務人員，表現忽然一落千丈。他覺得很困惑，便找來了那位同事，詢問他是否有什麼狀況或遇到了哪些困難。

一問之下才發現，原來這位同事日前被調至其他銷售區域，一時還沒掌握好客戶特性，訂單自然不如預期。了解原因後，王文德不但沒有責怪他，還對他說：「命運不是天生也不是遺傳，每個人都要不斷尋找為自己增值的方法。」原以為要被解雇的員工，感受到主管對自己的期待，便更加努力。到了隔月，業績馬上衝回前三名。

王文德表示，人在面臨困境時，更要往前看，總以為前方的路似乎已到了盡頭，卻忘了只要轉個彎，下一個路口又是另一個康莊大道。

他喜歡激勵員工，也激勵自己，因為人生就是一場學習，他樂於跟員工一起打拚。

不管在職場或日常生活中，想激勵或讚美別人的話，有時會讓我們覺得不好意思，難以啟齒。其實，激勵一點都不難，還能帶來讓你難以想像的效應。現在就從卡內基提出的以下五個方法，一起試試看吧。

技巧1

讚美別藏在心裡，而是要放在嘴裡

卡內基曾說過：「人有一種燃燒的渴望，渴望得到真誠的讚賞與感謝。但讚美是人們常忘記的一個美德。」年輕時的卡內基，就是因為母親不吝給予他讚美與肯定，而讓他重拾人生的價值。在他的書中，更是告訴所有人，讚美在溝通與人際關係中，是絕對必要的存在。

讚美也是有技巧的，卡內基表示：「虛偽的讚美是一張偽鈔。」我們不可能隨便使用假鈔，因為會有麻煩；同樣的，不是打自心底真正的讚賞，最好也不要表達出來。虛假的讚美，別人都聽得出來，與其虛情假意，不如不要說。

卡內基大中華區的負責人黑幼龍先生也曾說過，**許多人都低估了讚美與感謝的重要性，其實「讚美」遠比專業能力更值錢**。他舉例說明，一九一〇年鋼鐵大王卡內基，曾經以年薪一百萬美元聘請一位叫查爾斯・希瓦柏（Charles Schwab）的人，來擔任企業總經理。在那個年代，大公司總經理的年薪，大約只有一萬美元，而這位重金禮聘的總經理，卻足足比別人多出了一百倍，折合現在的行情，大概是七、八千萬美元。

當時有人非常好奇，問希瓦柏究竟是怎麼一回事。他表示：「因為我有一個最值錢的本事，我最會在別人做得好的時候，讚美並且激勵對方，讓他更努力為企業工作。」

「讚美」有時遠比專業能力重要

黑幼龍表示，我們千萬不要低估這則故事的意義，因為它告訴我們，**一個人的人際關係好不好，有時遠遠比他的專業能力和專業知識重要**。換句話說，在所有專業人才齊聚的當下，什麼樣的特色才能讓你成為別人眼中最有價值的選擇，「讚美」這項才華，適用於任何對象。

正確讚美的方式如下：

A. **真誠**：讚美別人時要看著對方的眼睛，說話要具體。例如，稱讚他人「穿這件衣服真好看」，不如說「這件衣服真的非常適合你的曲線。」

B. **尊重**：讚美他人的外表時，要避免出現容易讓人誤會的話語。舉例來說，許多男人會稱讚女人化妝後美如天仙，要小心那是否代表沒化妝就無法見人……。如果真的要這樣稱讚他人，就要以尊重為出發點，才不致引發誤會。

C. **注意時機與場合**：稱讚要在對的時間和空間，若想要稱讚太太做的飯菜很好吃，應該在吃飯時就稱讚，而不是等到太太在忙其他事時才表達。適時稱讚他人，才能真的讓人感受心意。

D. **不要提到自己**：稱讚就是完全的導向對方，不要藉著稱讚他人，又將焦點引回自己的身上，這樣做反而會讓人覺得另有心機和目的。

連桂慧老師給經理人的第⑳堂課

有個朋友很開心跟我分享一件事，她說以往的她害羞、不擅於表達與互動，但是在上過卡內基的課後，真的對她大有幫助。

今天她做了一件不同以往的事。她走在街上，聽到一陣吹得很好的口琴聲，於是循聲前往，她看到廣場上有個老先生正在吹奏。老先生吹口琴的樣子十分陶醉，當時她有個衝動，想要給這位老先生一個鼓勵。在這人來人往的廣場上，很多人都直接忽略、走開，但是這位老先生依然非常陶醉地吹奏著，她覺得非常佩服。因此，她很想要給這位老先生一個肯定。

她鼓起勇氣走到老先生面前，並將身上所有的錢都掏出來，但是她驚覺老先生根本沒有放置任何供投放錢幣的盤子或是桶子，當下覺得非常尷尬。

然而，當這位老先生抬起頭看她時，她真的很想要給對方一個肯定，所以豎起了自己的大拇指，向老先生比出最棒的手勢，而老先生也回報最燦爛的笑容。

老先生放下口琴告訴她：「小姐，我在這邊吹了三個小時，妳是第一位停下來對我比讚的人，因為這樣的舉動，讓我覺得世界還是非常美好的，謝謝妳。」

好友告訴我，這只是她的一個小舉動，但是對老先生來說，卻讓一整天都有了繼續前進的信心，也成為讓她開心一整天的動力之一。

我們常常因為忙碌，專注在自己的事情上，便忘記去注意、關心周遭的人，有時候只要一個小動作、一個眼神甚至一句話，就能成為別人最好的禮物。

激勵的話

今天，請停留一下下，給愛的人一個擁抱、聽聽孩子的童言童語。再停一下下，給陌生人一個燦爛的微笑、給夥伴一個讚美，聆聽一下同仁的挑戰。給協助我們的人一句「謝謝」。別忘了再給自己一個勝利的「V」。這一天將因你的「停留」而變得美好！

連桂慧老師給經理人的第㉑堂課

當我們在和他人互動時，總覺得自己已聽到別人說的話，但是我們以為的「聽」跟對方以為的「聽」，卻常完全不一樣。

舉例來說，我當時在臺北的卡內基工作，很多位資深講師不是去支援大陸就是剛好有事，因此我手上的事情變得非常多，又要教學、又要激勵同仁、又要管理業務等，真的忙得不可開交。

記得有次我正在回覆一個非常重要客戶的信件，有位同仁開心地跑過來說：「我們進攻很久的那個案子成功了，要開班了喔。」但是，當下我卻做了一個錯誤的示範。

我看了他一眼，然後說：「真的啊，恭喜你。」然後就繼續盯著我的電腦螢幕，忙著回信。後來，我發現這位同仁沒有離開，我隨口問他說：「怎麼了？還有其他事情嗎？」他回我：「老師，身為卡內基資深講師的你，常常告訴我們聆聽很重要，可是從剛剛的互動中，我沒有被激勵的感覺。」

那瞬間有如當頭棒喝，我整張臉都漲紅了，有種很羞愧的感覺。我馬上站起來跟他道歉，並且對他說：「真的很謝謝你為這個Case以及公司的貢獻，真的很恭喜你成功了。」

他是一位很有自信的同仁，所以會如實告訴我，但是有多少同仁沒有說出口呢？因此，我在隔週週會上跟所有人分享了這個故事，也感謝這個同仁給我的提醒。

我們常常因為忙碌而忽略其他人的感受，其實這遠比處理事情重要得多。

激勵的話

我們在急什麼？有些時候，我們忙於眼前的事，而忽略了別人的感受。有些時候，我們急著處理緊急的事，而忽略了人比事更加重要。愈是忙亂，愈需要提醒自己「不要急」。

連桂慧老師給經理人的第㉒堂課

不知道每個人在參與會議時的狀況如何？我想很多人會覺得沉悶，或甚至充滿火藥味吧。

有個學員說，每次開主管會議時，他都覺得很鬱悶。到處充滿針鋒相對與沉默的人，尤其是他們的總經理與總經理夫人。由於兩位都是主管，每次開會都會上演意見不合的情景，讓氣氛變得很僵。

卡內基中有學長學姊制度，上過課的學員會擔任學長學姊的角色，他們通常會比較晚走，照顧新來的學弟妹。課後有個會後會，這個會後會的重點是互相讚美、分享彼此做得好的地方。

這個學員來上過課後，就把這個點子帶回公司去。他在主管會議時提出，未來開完主管會議後，請大家多留十分鐘，彼此互相讚美剛剛會議中大家做得好的部分。

大家覺得奇怪，不明白為什麼要這樣做，但是他非常積極爭取，後來總經理也同意了。因此，開始了會後會。沒想到這樣一個小小的改變，讓整個氣氛都不一樣了。

第一，因為等等要讚美別人，所以大家會更專注地聽其他人發言。

第二，會後的讚美，讓每個人都變了，例如總經理夫人。有時她覺得自己的建議很好，但如果沒被採納，會讓她覺得很難過。那次的會後會，她被讚美了好幾次，到後來自己都感動到哭了。

因為這樣的會後會，大家參加主管會議時的壓力減輕了不少，也變得比較期待，彼此的相處再也不會那麼緊繃了。

激勵的話

想要別人聽自己的建議，除非自己先身體力行，才有辦法發揮更大的說服力。想要別人動起來，光說沒用，我們應該試著帶出熱忱的感染力。

哇，你好厲害，
會比「二」了，
比上次進步。

技巧2

激勵，能引發對方變好的慾望

我們常遇到讓人頭疼或是不知道該怎麼處理的人，或者有時我們想激勵某些人，卻不知道從何下手。管理者遇到這樣的情況，更能深刻體會。

以往，我們可能會用安慰、陪伴的方式，或是運用時間成長法則，讓這些人自己找出突破迷霧的方式，但是這種方式效率太慢，而我們也不願見當事人一直處在鬼打牆的狀態，甚至影響到其他人。因此，怎樣適時激勵人心，就是一門新的學問。

卡內基大師建議，可以運用小小的激勵方式，來達到我們希望的目的。人類是慣性的動物，當我們重複做同樣的事情時，容易產生盲點或是使得熱情疲乏，若是不知道該如何調整或自我激勵，就容易讓自己處在負面的情緒中，也會連帶感染身旁的人。

適時適當的激勵，可以點燃對方的熱情

團隊中若有一位扮演開心果角色的成員，工作的氣氛會比較活絡，人與人相處也會比較有活力。反之，如果大家都缺少熱情、漠不關心，整個氣氛就會流於公事公辦。因此，如何適時地「激勵」他人更顯得重要。

該怎麼做？這邊有幾招可以教大家。

1. **樂觀、正面的特質，從自身先做起**：一個人如果想要打造活絡氣氛，卻沒有一個開放、正向的心態，很難引起他人的共鳴。這不是要你勉強自己去當小丑，扮演開心果，而是要從心態上調整，讓自己保持開心與好心情。雖然不是每個人都有辦法這樣做，但是好情緒會自然而然傳染給其他人。

2. **用鼓勵取代責備**：許多人以為，激勵一個人就是要讓對方動起來，所以常會表現得很急切，有時還會選擇以責備口吻當作激將法，但這些都不是長久的方

式，也不適合常用。站在對方的立場，不斷地肯定對方，並真的透過行動去支持與協助，才是有效激勵的方式。

3. **引發對方想變好的慾望**：我們常因為看不見自己的潛力，而小看自己，甚至不願意自我提升、成長。因此，最好的激勵方式，就是找出激發對方想要變得更好的誘因，然後帶領他突破。先聽聽他的想法，了解他想做什麼、想成為什麼人，哪怕夢想再小，都要盡力協助，這樣才能達到激勵的效果。

連桂慧老師給經理人的第㉓堂課

有一位學員是保險公司的業務主管。在業務單位，每個人的想法都比較獨立。這位學員的工作需要一直徵募員工，並與客戶保持聯繫，但是他最近遇到了瓶頸：他想帶領好團隊，但是不管再怎麼認真、努力激勵同仁，都沒有得到太大的效果。

我告訴他激勵有很多種，有時競爭的方式加上誘人的獎勵，才會產生較具體的效果。因此，他舉辦了業務戰鬥營，也想了一個不同以往的點子：他先告訴大家今年度希望達成的具體目標，然後再讓每個人發言，並且事先準備好名單，要團員們照名單一一聯繫客戶。

以往如果沒有成功達到目標，就要接受懲罰，這次卻改成了獎勵：如果成功達到目標，且順利拜訪了潛力客戶，就可以領到一筆小獎金。當懲處的方式改為獎勵後，想不到同仁們居然變得非常積極。

最後，他還請每個人上臺分享這次參加戰鬥營的感想，大家的分享跟以往完全不一樣，每個人想突破與改變的決心都變得很明顯，對自己設定的目標也變得更加具體了。

激勵的話

面對未知的挑戰與現況的困難，我們會選擇什麼？現在不突破，只能看著狀況愈來愈緊縮，力氣愈花愈多，我們願意這樣嗎？未知或許可怕，但至少是一個出路與翻轉的機會。

如果我們身為主管階級，大概都會對不配合政策的人感到很頭痛。有個學員是公司主管，每天都要開早會，但是身為業務單位，要讓大家不遲到，甚至不缺席，是一個很大的挑戰。其實這個早會相當重要，所以他要求同仁每天早上都出席，然後再出去拜訪客戶。

若是有人遲到就要罰錢，但是這筆金額會拿來作為其他用途，這也難免會讓人不高興。他想要激勵大家，便決定將這樣的罰款，變成公司的下午茶基金，而同仁們也都同意這個作法。

只要有人遲到，就罰五十元，不出席則是罰一百元，每月結算一次。結果，有一位同事到月底累積下來要繳八百元以上，由此可見，這位同事的早會出席狀況非常不好。這位主管心想，如果直接去跟他要錢，會讓他感覺非常糟糕。之所以訂定這個規則，就是為了要讓每個人更有時間觀念，且更加自律，而不是為了懲罰。

後來，他找了這位同事來辦公室談談。對方知道，應該是為了遲到的事情，因此口氣也不太好。當這位主管問他是否知道這個月要繳多少罰金時，他回答：「大概很多吧！」

主管告訴他：「好消息，大約八百元左右。」

他回答：「八百元就八百元吧！」，

主管又接著問：「等等，你有沒有身分證？」

他覺得很奇怪，便說有。

主管又說：「太好了，有身分證可以打八折。」

這位業務覺得，今天主管怎麼怪怪的，臉色就沒有這麼難看了。

主管接著繼續問：「那有健保卡嗎？」

他回答有。

主管說：「太好了，那又可以打八折。」

到最後，他的臉色和緩了不少。主管繼續問：「想想看，你這個月對公司有沒有什麼貢獻，我可以再幫你打個折。」

這位業務也開始回想，並說了三項：怎麼服務客戶、怎麼幫助同仁、怎麼傳承自己的經驗。

主管聽完後說：「你講的真是太好了，所以我再幫你打對折。現在只剩幾百元，你應該OK吧？」

業務回答：「可以的。」

主管趁機告訴他：「由你剛剛說的貢獻可知，其實你對公司有很大的幫助，也是位很優秀的業務。所以像是遲到跟沒參加早會這種事，對你來說應該也是不難修正的事。」

這位業務點頭說是，主管又繼續說：「那就讓我看看，這個新的月份你會怎麼做吧。」

結果從隔月開始，這位業務的狀況慢慢轉好，也愈來愈能融入公司文化。主管發現激勵跟找到對方的癥結點，真的要比懲罰來得重要多了。

激勵的話

我們有遇過頻頻繞圈圈跟失去熱忱的人嗎？互動時如果淪為過多的說教，反而會讓對方關起耳朵。如何協助對方找到自己的價值和生活的動力，遠比諄諄教誨來得有效果。

幹得好，
勇敢跨過
來吧！
……

技巧3

少說話、多聆聽的七個祕訣

許多激勵大師和成功者都分享過，人的耳朵有兩隻，而嘴卻只有一個，這代表著我們要多聆聽、少說話。

卡內基也分享過自己的經驗。有次他參加一個晚宴，身旁坐了一位知名的植物學家，當晚卡內基幾乎沒有與其他人談話，只將所有的注意力放在這位植物學家身上。

當晚宴結束後，這位植物學家向宴會主人表示，卡內基真的很能激勵人心，是一位絕佳的談話者。其實卡內基沒說太多話，因為他對植物學根本不熟，但是他卻非常專注地聆聽，並且真的因為感興趣而發問。

每一個人都希望別人可以聽自己說話，希望自己可以得到重視與尊重，因此在成為一位良好的溝通者前，要先學會當一位好的傾聽者。增加影響力的祕訣並不在於表達，而是傾聽。

成功的祕訣在於聆聽

透過卡內基常用的小問題，你也可以檢視自己是否懂得聆聽：

A. 當別人想告訴你一件事的時候，你是否馬上停止正在談論的話題？
B. 你是否集中精神，注意聽對方所講的話，並且注視他們的眼睛？
C. 別人在談話時，你是否讓他們有機會完整表達內容，而不會中途打斷？
D. 別人在談話時，你是否能克制自己，不中途插入自己的看法、意見？
E. 別人是否覺得你對他們的話題很感興趣，因此能講得更多、更好？
F. 開會時，你是否都等發言人講完之後，才開始問問題？
G. 和別人談話時，若是對方提到一些不錯的觀點，你會面露笑容表示贊許嗎？或是當他講完一個有趣的故事，你會發出笑聲表示共鳴嗎？

你可以用以上的問句，檢視自己是否是優良的傾聽者，如果半數以上都是「肯定」的答案，恭喜你，你是一位不錯的傾聽者；如果沒有，也不需要氣餒，就從現在開始練習吧。

我有一個朋友常在聚會時問別人：「你覺得我有什麼可以修改的？」每當有人跟他說哪邊可以修正時，講不到幾句馬上就會被他反駁：「不是這樣的，我是因為怎樣怎樣，才會做出這些舉動。」

有一次，我們這群朋友再次聚會，這位友人又開始問：「我最近事業不太順利，你們覺得我需要修改哪裡嗎？」我跟他說：「我覺得你需要多聆聽！」結果他馬上回我：「沒有啊，你們說的話我都有在聽……」回了我長長一大串話。

我發現了一件事，那就是當一個人內在水瓶是滿的時候，就不需要再倒水給他了，因為他已經收不下來自外面的任何一滴水；當我們想要給一個人建議時，若他馬上反駁，就不需要繼續說下去了，因為這個人是無法傾聽的。

一個人除非自己願意打開心門，不然沒有人可以進入；同理，一個人除非自己願意改變，不然沒有任何人可以勉強他。

激勵的話

我們會說太多嗎？假使我們建議別人，對方卻一點都聽不進去，那就是我們閉嘴的時刻。假使我們在表達時，別人專注力已經不見，那就是我們該簡潔說話的時候。我們說得多或少，取決於想讓別人聽進去多少。

連桂慧老師給經理人的第㉖堂課

我們跟家人相處時，最容易發生一種狀況：總是說自己想說的，不一定有聽進對方說的話。

有個學員的爸媽打算賣掉南部的房子，兩老想搬到花蓮生活，也在花蓮買地買房了，所以這位學員花很多時間在整理、搬遷。一開始只想到要整理這麼大的房子，會花很多力氣，所以要丟掉很多東西。但是當他開始整理時，不管想丟哪樣東西，爸媽一定會有一方阻止，說是捨不得之類的，讓他很難做事。

他個性較急，又考慮到會花費的時間，所以他很強勢地說：「不這樣丟，根本無法搬到花蓮去。」但是他的雙親似乎都沒有聽進去，只是不斷地重複，這些東西有很多回憶、不能丟……。

後來，他突然想起卡內基課程裡提到的「聆聽」，他發現自己根本沒有聽進父母說的話，只是希望趕快完成事情。所以，他乾脆在整理之前先找爸媽聊聊，並且告訴他們：「你們就要搬到花蓮了，這邊要清空一定會有很多不捨，那可不可以告訴我哪些東西要留下來，哪些東西要丟掉？不然的話，時間真的會來不及。」

當他這樣問時，爸媽開始侃侃而談，說出內心的想法，而說完了之後，他也終於可以好好整理，不需要一直不斷地拉拉扯扯。

激勵的話

和人互動時要想想，我們是否總是只說自己想說的，而不願意聽對方在說些什麼。如果遇到自說自話的人，就需要花雙倍力氣跟耐心溝通，才會有效果，如果想要有效溝通，就得聆聽對方說什麼，並想辦法也讓對方聽進自己的話。

各說各話，算不上是良好溝通。

技巧4

善用小卡片，讓彼此沒有距離

成功的領導者，很少天生就非常厲害，都是因為願意一步步修正、學習，最後才得以成功。

許多專業人士有著絕佳能力，卻不知道該怎麼面對人群、溝通，難道個性內向、不善說話的人，就沒辦法成為好的溝通者嗎？當然不是。卡內基在年輕的時候，也是一個害羞的人，其實個性較內向的人，往往心思更細膩。

如果你是不擅溝通的人，在卡內基的課程中，會建議運用小卡片來輔助。其實，不單單只適用於內向的人，若有一些不適合當面說的事情，或一直以來都覺得難以啟齒的話，都可以透過小卡片或是電子郵件，跟目標對象連結。

開不了口的話就寫下來吧！

小卡片可以運用的時機如下：

A. **讚美**：有時候透過文字稱讚他人，反而會有另一番效果。親筆寫下想稱讚的話，再給予想讚美的人，這樣的方式會讓對方印象更深刻，也能充分感受到你的用心。

B. **溝通**：如果和他人有一些小誤會，卻不知道該怎麼解釋，可以透過卡片或是私人信件溝通。藉由書寫，可以清楚表達自己的想法，也可以知道對方的心意，進一步改善彼此的關係。

C. **道歉**：當我們遇到突發狀況時，當下難免會受情緒影響，事後想要道歉，卻又覺得尷尬。當不知道怎麼開口時，透過卡片表示也是一種不錯的方法。

今天你想說的一句好話

連桂慧老師給經理人的第㉗堂課

今天收到一封多年前的學生寄來的信，希望我可以提供當初上課時的一些同學資訊，因為她想要做一次「感謝之旅」。

這位學生在信中寫到，當初來上課的初衷只是出於學習的心態，在畢業幾年後，她遭遇了人生中一個重大挫折：裁員。因為經濟不景氣，在公司的裁員風波中，她也被裁掉了，同時間，交往多年的男友卻因此跟她分手。對於人生向來順遂的她，這雙重打擊真是非常大的衝擊。

那段時間，她身心疲憊，看不到未來的希望，也不知道該何去何從，因而起了自我了斷的念頭，而且也真的準備要這麼做。在她思索如何自我了斷的過程中，因為不希望南部的爸媽北上，還要到自己的住處收拾、整理，幫她準備後事，所以她在自我了斷前，就自己打包私人物品，準備寄回南部的家中。

打包的過程中，雜物堆裡突然掉出了一疊厚厚的卡片，她回憶起這是當時上課時，老師請同學們寫的稱讚卡片：只要覺得哪位同學在課堂上表現得很棒，就可以寫一張卡片給對方。

她坐了下來，一張張打開閱讀。每當打開一張卡片，就發現一位同學寫出對她的肯定，以及說明為什麼覺得她優秀。就這樣，她坐在椅子上，看了一整晚。

當清晨陽光初露時，她感覺自己好像重生了一樣，突然醒悟，身邊好多人關心、肯定著自己。為什麼她要為了不懂得欣賞她的公司，和不珍惜她的男人而尋死，剎那間，她發現這樣的念頭非常愚蠢。

因為這些肯定，讓她得以重新振作。幾年後，工作和生活也小有成就，所以她來信希望我提供當初上課時某些同學的資訊，她想要一一致電感謝，這群不熟卻挽回她人生的同學。

在人生中，有很多人會否定我們，但是也有很多人會肯定我們。因此在低潮時，想起自己曾經被肯定的感覺，也會讓人更快振作起來。有了自信後，壓力跟挫折也就不算什麼了。

激勵的話

「正向思考」不是委屈自己，不是自我催眠，不是找理由，而是給自己往前走的力量。遇到問題時能夠正向思考，才能盡快找到解決方法，不會讓事情惡化。遇到情緒低潮，與其陷入困境，倒不如想辦法讓自己振作，這是給自己站起來的唯一方法。「正向思考」是不找自己麻煩的方法。

今天你想說的一句好話

連桂慧老師給經理人的第㉘堂課

我記得二〇〇七年在蘇州，有一家高科技公司舉辦卡內基內訓。科技公司的主管大多是工程師背景，做事很認真，但是就是比較一板一眼，不擅長與他人互動。我們有一堂課在講「主管怎樣激勵部屬？」要大家看到彼此優點，還要告訴對方，因此我出了一個功課，要他們回去後肯定同仁做得好的地方。其中有一位主管很有趣，他的部門不大，大約十來多個人，他覺得辦公室的氣氛從來就不像課堂上一樣好，所以他想出了一個方法。

開會時，他發給每個人一張紙，紙上有每位同仁的名字，他請大家依據相處的狀況，在每位同仁名字的後方，填上這個人的優點與特質。等每一個人都寫完後，他幫大家整理出來，護貝好並發給每位同仁。所以每人手上拿到的，都是別人眼中的自己。

主管做完這件事情後沒幾天，有個同仁跑來找他，跟他說：「經理，你前幾天做的這件事很有用耶。」主管問他為什麼，這個同仁說：「因為我們常常會覺得同事機車，老是要求很多事情，但就在我火氣快要衝上來時，剛好低頭看到同事寫我優點的那張紙，我開始思考這位同事的優點是什麼，後來，我發現自己可以心平氣和跟他說話，而對方的語氣也變好了，我們終於達成共識。這張優點卡真的很有用。」

這位主管學員，後來在上課時分享了這件事。其實這只是一個小小的動作，但是對鼓舞員工發揮很大的功效，每個人都希望被肯定與支持，這樣才會讓溝通更有方向。

激勵的話

有時我們覺得稀鬆平常的一句話，可能會對別人產生正向的力量。但是我們也會因為別人一句無心的話，而受到傷害。正向的話語，其實不是為別人，而是為了自己。如果我們渴望被關注，那麼請先關心別人；當我們希望被別人肯定，那就要先找出對方的優點。這是讓自己降低「哀怨」最好的方法！

連桂慧老師給經理人的第㉙堂課

幾年前在臺北遇過一位學員，他是公司裡的高階主管。他剛來卡內基上課時，我心想，這麼高階的主管還願意來上課，真的很不容易。後來才知道，原來他是為了自己的孩子。

他的孩子正處在高中叛逆期，很難搞定，兩人常常爭吵，所以他想把小孩送來卡內基上課。我們的同事之前跟他說，只有小孩來上課很可惜，家長也可以一起來，兩個人可以分別上青少年跟成人班，才能同步成長。

這位學員爸爸也很開放，就真的來上課了。在工作上他是一位非常成功的主管，但是每次上課時，都會聽到他一直抱怨自己的孩子有多糟、多差。有次我問他：「你想不想改變跟孩子之間的互動關係？」他回答：「當然想，不然我來上課幹嘛。」

我告訴他：「你有沒有發現，你的孩子會因為你的優秀，而有很大的壓力。」他愣了一下，回我：「有可能。」我問他是不是也有同樣的感覺。他告訴我，在他們家族中的小孩，像是哥哥的小孩，都很會念書，各個都上名校，只有自己的小孩不愛念書。有可能因為常被比較，壓力也比較大。

我告訴他如果想要改善跟孩子的關係，就要開始學習看他的優點。他一聽直說很難，看到的都是孩子的缺點。因此，我出了一個功課給他，我請他每天寫一張卡片給孩子，真心稱讚他，並要持續三十天都這麼做，然後就給了他一疊卡片。

後來他跟我分享，第一天超痛苦的。兒子從學校回來後，他怎麼看都不順眼，但就是硬要自己忍住不發脾氣，並努力找出他的優點。後來他終於發現了，當他的太太叫兒子去倒垃圾時，兒子居然乖乖去倒垃圾，他就藉著這件事情寫了一張卡片給兒子，稱讚他的行為。

當他遞出去給兒子時，兒子一臉狐疑，這個爸爸就說：「我看到你今天做了很棒的事情，所以給你一個讚美。」兒子只回答一聲「喔」，也沒有多說什麼。

這個爸爸有點失望，他以為兒子應該會很開心，不過他依然每天持續寫卡片。經過一個星期，他發現兒子有點改變了，雖然沒有很開心地收卡片，但是爸爸讚美過的事情，兒子都會持續做。

現在回到家也開始跟家人互動、溝通，也幫忙做家事，這些是他以往根本不會做的事。這位學員發現，很多時候孩子不跟父母溝通，是因為父母沒有給他們機會。有時候，家長沒有看到孩子做得好的部分，並適時給予鼓勵，所以孩子自然不願意溝通。只要家長先改變，親子溝通其實沒這麼難。

激勵的話

有聽過這樣的對話嗎？「他應該如何……」、「他怎麼不……」。當我們只期望別人改變，或單方面要求別人配合我們時，只會徒增挫折。練習一下，在我們提出要求或期望之前，先調整自己。

有位學員是汽車修護中心的小開，他承接爸爸的事業，因此剛到公司時，老員工對他總是抱持著懷疑的態度。

他想要樹立權威感，不希望被人當作小毛頭對待，所以就用很權威的方式對待這些員工。員工常常跟他頂嘴，說老老闆不是這樣做的，這讓他氣得半死，卻也無能為力。

後來，他在上課時提問，想知道有什麼方法可以帶人又帶心。我告訴他：「看對方的優點，找出對方好的地方。」他回答我：「不可能。」我問他為什麼，他說：「這些員工每天都在頂嘴，都在跟我對罵，讓我怎麼去看他的優點。」

我問他：「那你會去看自己的優點嗎？」他告訴我他也不會。我又問他為何，他回答：「因為我覺得自己把公司管理得很糟。」我建議他：「既然這樣，要不要先觀察一個月看看，然後試著寫下員工們表現不錯的地方。」

兩個星期後，他告訴我，慢慢發現某些員工做得不錯的地方。結果我們就開始討論怎樣做會更好，他想到一個方法：寫卡片。我覺得這個方法很好，便鼓勵他去做。

他底下有三十幾個員工。當他寫完卡片後，覺得很害羞，不敢直接給他們，所以在某天一大早，將卡片放在每個員工的打卡夾上。他擔心同仁的反應不好，所以就假裝自己不在辦公室，把百葉窗拉下來，只留了一條小縫，偷偷觀察員工們的反應。

第一個員工進來準備打卡時，看到有張卡片在自己的卡夾上，這名員工從面無表情變成露出微笑，然後很開心地去打卡了。接二連三地，每個員工都是這樣，到了第五、六位後，同事間開始討論了起來。

「總經理寫卡片給我耶！」

「對啊對啊，我也有耶。」

結果他就這樣在辦公室裡躲了半個小時，一直聽到外面歡樂的聲音。他跟我分享：「老師你知道嗎？他們拿到卡片後，那種感覺比領到我發的年終獎金還要快樂耶，之前我發年終時還有人嫌太少。」

從那時候開始，他跟員工間的緊張跟衝突就大幅下降了。

激勵的話

我們知道，要承認自己能力不足或是有限，是很不容易的一件事；要坦然面對自己有脆弱的地方，也很困難。但是，只有接納自己的不足，才有機會看到可以調整的地方。喜歡自己，進而欣賞別人，也就更容易些。

請你寫下我應該
改進的地方。
糟糕，一張紙大
概寫不完……

技巧5
肯定對方，讓他覺得自己很重要

黑幼龍曾說：「當人挫敗時，看到的往往都是自己的缺點，似乎預見了更壞的自己，而忘掉自身的長處。」

每個人都需要被肯定，才能發揮自己的真正價值。一個消極悲觀的人，跟一個正面積極的人，成就的事情一定不一樣。但是，我們在評斷他人的同時，常常會忘記，沒有人一生下來就是絕對的悲觀或是絕對的樂觀，大多是受家庭或環境因素所影響，人其實是可以被改變的。

肯定對方，他才會心甘情願幫你忙

溝通時，我們要盡可能學習用正面的話語，讓對方了解自己的重要性。舉例來說，當一個主管想讓自己的助理更積極處理事務，並有效提高效率時，他可以用這樣的方式說話：「我真的覺得，你幫我處理了許多工作上和其他瑣碎的事，你的角色真的很重要。我覺得你一定可以做得更棒，請你幫我想想，目前這個項目，怎麼處理可以進行得更順利呢？」

這麼一來，聽話的人是不是也會感覺很好呢？許多人習慣直接下達命令或給建議，這沒有不好，但容易讓別人造成自卑感。如果希望自己的工作夥伴、部屬，甚至是家人、朋友，都可以愈來愈有自信，活出精彩的人生，我們可以做的，就是從平常說話開始改變。

用「引導」的方式詢問，協助對方提出自己的想法，也幫助他們思考，這樣一來，不僅可以讓對方感覺自己受到重視，也可以讓我們的人際關係變得更好。

連桂慧老師給經理人的第㉛堂課

有天我聽到一個有趣的分享。有個學員的公司是從事家庭清潔，這類公司的員工，大多以女性居多，而女生多的地方，對有些人而言，不免會覺得很恐怖，像個災難。

這位學員是個很年輕的女生，要管理這些年長的歐巴桑，對她來說是一件很累人的事。以往當這些歐巴桑在抱怨時，她都會叫她們不要再抱怨了，趕快做事情。結果有一天，她們之中有一個人，在LINE群組中丟了一個訊息：「為什麼分配給我這種不好的點，這很累人，還有這麼多家？」其他人看了也紛紛附和她，並且開始抱怨公司的不是，到最後，LINE上面全部都是負面字眼。

依照以往的個性，這個學員早就直接開罵了，但是她想起來卡內基上課時曾提到，要如何讓別人覺得自己很重要，以及真誠關心他人。她心想應該可以用得上，所以就在群組上回覆大家：「為什麼這種比較吃重的工作都是妳們在做？因為妳們是公司很看重的員工，妳們打掃的專業度與速度，都讓顧客很滿意。當然，打掃很辛苦，我很清楚，還是我明天買點飲料請大家喝，好嗎？」

沒想到這段話一打出後，沒有一個人再回應負面的字眼了。過了一陣子，有一位歐巴桑回覆：「其實也沒有什麼，只是愛講講，公司福利還不錯。」沒多久又有另外一位回覆：「有的客戶也不錯，對我們很禮遇。」

很有趣的事情就這樣發生了。當這位學員讓對方感覺自己重要之後，原本的負面字眼就全部不見了。很多時候，我們會因為別人的抱怨而陷入不舒服的情緒，甚至會想以暴制暴。但是，換個角度來看，用不同的方式溝通，也沒有想像中困難，不是嗎？

激勵的話

想要別人對我們釋出誠意，我們需要先展現真誠。想要別人對我們想法表示支持，我們需要對自己的想法更堅定。在期望別人的反應之前，先對自己多一點期望。

連桂慧老師給經理人的第㉜堂課

從古至今，婆媳問題一直都讓人感到很頭疼。婆媳之間該怎麼相處，是溝通和人際關係中的一大挑戰。

有位學員從小受傳統教育，她的婆婆也是。她告訴我，她的壓力很大，因為婆婆對她的要求很高。婆家經營麵包店，她每天一大早就要起床，開始擺攤、準備，而且家中的衣服和清潔工作，婆婆都要求得很嚴格，要乾淨且不能有灰塵……，很多生活習慣都跟娘家不一樣。

她忍了很多年，忍到覺得自己都快生病了，不管怎麼做，婆婆都不滿意。現在因為孩子來卡內基上課，她也一起來，才發現她從來沒有跟婆婆好好溝通過，所以婆婆也不知道她的想法。

有次婆婆又叨念她，她真心誠意地跟婆婆說：「媽，我真得覺得壓力很大，我不知道要怎麼做妳才會滿意。我很努力要達到妳的期望，但是不知道為什麼妳都不滿意。」

她邊說邊哭，結果沒想到婆婆也哭了，並回答她：「我沒有不滿意，但是不管我說什麼，妳都一臉的不高興。」媳婦則回說：「我沒有不高興。」結果兩人抱在一起痛哭，並且說出彼此心中的疙瘩。原來，兩人心中都有很多預設立場，都沒有好好溝通，而經過這樣一談後，反而拉近了距離。

激勵的話

我們常常掙扎於該不該說真話，掙扎的原因是怕會傷到人，或害怕說完真話後，對方會抗拒並反彈。如果真為對方好，還是需要說出來，而如何顧到對方面子，並讓對方聽進去，才是最需要練習的地方。

連桂慧老師給經理人的第㉝堂課

有天上課時，有位學員分享了一則很有意思的故事。這位學員的公司屬於製造業，他負責管理現場，底下有二十六名員工，其中有二十名是外籍勞工。

他說管理他們真是一件不容易的事，一來是文化背景差異，二來因為語言不同，還是有一定程度上的隔閡。因此，每次都是自己氣得半死，底下的人卻不知道發生什麼事。

這些外勞都很年輕，假日喜歡踢足球，總是玩得很激烈。一到星期一，就會有幾位因為踢足球受傷而請假，這讓他很生氣。生產線上的人手已經很缺乏了，員工還老是請假，而且理由還是因為休假踢足球的關係。

但是他又想到不能老是生氣，因為這些人是真的受傷了，便忍了下來。等到星期二他們來上班後，又常常因為腳傷實在承受不了，站不住，只上班一小時就請假。

以往他一定不會准假，但是上過卡內基的課之後，他想起來課程中有一環叫做

「真誠的關心」。他覺得要是現在不准他們請假，這些人勉強工作也不會開心，其他人看到，更會覺得主管不近人情，士氣就會受到影響。因此，他准假了，結果這些人一休息就是三天。一星期的工作日也才五天，他們就停了三天，生產線上嚴重人力不足，他真的覺得快要暈倒了。

等到這些員工來上班後，他個別找他們來談，先關心腳傷的狀況是否好一點，然後說很支持他們從事休閒娛樂，但是要學會保護自己。因為如果不保護自己，在國外的家人也會擔心，再加上每個人力對公司來說都很重要，現在生產線上的人力不足，若又少了他們，該怎麼辦。

他就這樣心平氣和地告訴這些外勞，而不用以往謾罵的方式，這幾位外勞聽了後，也很負責地表示會盡快追上進度。

從這次之後，他們部門的效率大幅提升。不但只用了兩個星期就補足進度，更超前了原有的計畫目標。這位學員表示，以往不管用怎樣的方式激勵，都沒有太大的效果，沒想到這次居然可以讓他們自動自發。

激勵的話

我們可以發現，顧到別人的面子和讓別人感覺自己不可或缺，一樣重要。尤其，當你想要改變別人想法而不引起反感時，這是一個很重要的學習。想要合作，就要放下自己的主觀意識，真正做到尊重。

世界上不需要第二個
超人，快回來吧，我
們可少不了你。

Part 5

善用「壓力處理」，變成你向上的動力

跌倒後站起來的能力，決定你多成功

當一名成功的運動員在面對壓力時，會非常快速調整內在自我，因為他們不但背負著千萬人的期待，更需要在關鍵時刻，發揮自己鍛鍊已久的實力。相對地，運動員所做的訓練，不論是在身體還是心靈上，也都比一般人嚴厲數倍，熬不過去的人，就會自動被淘汰。

一般上班族很難有機會可以不斷磨練自己的身心，但是這並不表示就沒有壓力的問題。因此，如何處理壓力？如何培養自身的抗壓力，就決定了我們在人生道路上的戰鬥力和續航力。

大中華區的卡內基訓練創辦人黑幼龍強調：「一個人能有多成功、多快樂，除了看能力之外，他處理壓力和跌倒後再站起來的能力，也非常重要。」

他表示，人的一生中會承受很多壓力，不管哪個年齡層，都有需要面對的不同壓力。過度的壓力會妨礙身心健康，而適當的壓力卻能有效激發潛能。

因此，學會正向思考並培養正確的抗壓力和心態，才能真的解決生活中大大小小的問題，讓自己活得快樂、精彩，並創造出成功、平衡且快樂的人生。

後續也提出了處理壓力的方法，讓我們一一來探討。

訣竅1
常和正面思考的人在一起，你也會受到激勵

當我們覺得壓力很大時，有時是因為思考的層面和範圍太過狹小，並且沒有從不同的角度看待，所以才會常受情緒左右。舉例來說，當你去一間餐廳用餐時，服務生倒了半杯水放到你面前，此時你腦海中出現的第一個聲音是什麼？

你會冒出「怎麼只有半杯水？」還是「哇，有水可以喝耶！」重新檢視大腦中出現的第一句話，如果是偏向後者，這代表你已經開始學會用不同角度來看待事情了，或者這就是我們常聽到的「正面思考力」。

若是前者，本書建議你可以學習轉換思考模式。質疑沒有不好，但是經常用質疑的態度，很容易為自己帶來許多壓力、失望和比較心態，也就更容易衍伸出負面情緒。

就像「塞翁失馬，焉知非福」的故事一樣。當你失去了一匹馬，可能會覺得很生氣，但如果因此而不用上戰場，又會讓人鬆一口氣。**每件事本來就會有很多面向，當你覺得失落時，不要一直鑽牛角尖，困在不好的情緒中。不妨換個角度思考，試著看事情的另一面，也許會發現新的亮點，讓你又找到重新振作的力量。**

連桂慧老師給經理人的第㉞堂課

之前我在臺南上課時，有一位剛接下主管職的學員。在他練習當主管的過程中，組織做了一些調整，讓他壓力很大。

不僅組織中人心浮動，且因為和同仁們的接觸還不深，不知道該怎麼讓他們做出績效來；相對地，這些同仁也還在觀望這位新主管。

他來上課後發現，面對壓力最好的方式就是「行動」。於是，每個星期他都固定在晨會上提出兩位同事的優良表現。剛開始這樣做時，同仁們都很驚訝，沒想到這個主管看似安靜，觀察力卻這麼敏銳。

過了一陣子，他發現同仁們工作變得更賣力，投入程度也更好，而且也不再彼此抱怨了。當主管觀察並說出他們的優點後，他們就會主動將這樣的優點維持下去。

激勵的話

有人把改變當機會，有人把改變當壓力。學習看事情的另一面，你會發現壓力也可以轉換為讓自己成長的動力。常和正向思考的人在一起，自己也會受到激勵；常接觸消極的訊息，自然也會受到影響。也許我們沒有偉大的夢想，但是可以讓自己一直保有正向的能量。

老兄，別掙扎了，至
少我們可以算一下保
險理賠金額。

訣竅 2

被討厭、被責罵，你需要面對它的勇氣

人生有許多事難以照著我們的想法進行，如果每個人都心想事成，可能就會天下大亂。

但是，當我們在生活中遇到困難時，該怎麼面對呢？人性中有一塊本能是保護機制，每當發生自己無法接受的事情時，我們就會下意識啟動這樣的機制：有些人的反應是逃避，有些人會忘記，有些人則選擇漠不關心，但是這些都無法真正解決問題，只能暫時不讓自己痛苦。

俗語說得好，**解決困難的最好方法，就是面對困難**。許多人在面對困難和挫折時，無法重新站起來，其中有許多因素，包括對自己沒自信、不知道該如何處理、擔心被責罵、被討厭等等。但是，事實告訴我們，唯有面對，才是克服的開始。

別怕犯錯，錯過才有機會進步

東方社會習慣教導人們「不做就不犯錯」，在這種思維與價值觀下，對人的成長沒有太大的正面幫助。卡內基總告訴人們，**犯錯是正常的，面對才是克服與成長的開始**。只有面對並承認自己所犯下的錯誤，才會願意打開心胸去學習、尋找新的解決方式。不管透過學習或請求他人協助都可以，只要我們學會先正視問題。

正視問題後，才能真正找出解決方式。遇到煩惱時，不要逃避，先承認事實，然後分析整個狀況，找出最壞的結果。當你開始考慮可能發生的最壞結果後，就會走入接受的心理層面。

這也許需要一小段時間，但只要我們接受之後，內心反而會感到放鬆與平靜。做好這樣的心理調適後，才有力氣找出面對與解決的方法，這就是克服的過程，也是我們應該努力建立的價值觀。

今天你想説的一句好話

連桂慧老師給經理人的第㉟堂課

有一位學員是老師，她在暑假開始前兩天，跟另一位老師走在學校的走廊上，結果在她們邊走邊聊天的同時，居然有學生在她們面前從樓梯上摔下來，現場亂成一團。她們嚇壞了，趕緊叫救護車，但是這名學生仍然沒有成功救回來。

從那天開始，她沒有一天睡得好，只要閉上眼睛，就開始做惡夢，夢到學生在她眼前摔下來。這件事情在她的心裡造成很大的陰影和壓力，因此她利用暑假來卡內基上課。

在講述這段經過時，她不禁哭出來。之所以願意提出來，是因為發現一直壓抑在心中，已經讓她快要得憂鬱症了。無法排解也不是辦法，所以她選擇上課，希望能找到克服的方法。

課程進行到尾聲時，已經快要開學，她還是覺得很恐懼。卡內基有個克服壓力的課程提到：面對、接受不可避免的事實。慘劇已經發生了，沒有辦法改變，就要去接受、面對，然後再去克服。

開學後，她還是會讓自己經過那個事發地點。每次經過時，其實都想繞道而行，但是她也清楚，不能逃避一輩子。於是，在走到那個地點時，她選擇停下腳步。雖然心中很害怕，但是還是停了下來。她雙手合十，在心中默念一些祝福的話，希望那位學生可以一路好走。說也奇怪，在她做完這樣的動作後，就不再覺得害怕了。

我們可以知道，有時候愈是害怕、逃避，愈會造成心理恐懼。如果坦承面對並調整，反而會發現新的契機。這位老師勇敢面對了，既不用去看心理醫生，也沒有得憂鬱症。去做可以做的事，對於不能改變的事就選擇放下，這就是面對的力量。

激勵的話

愈不敢面對的事愈害怕，愈害怕的事愈無法解決。不和自己過不去，最好的方法是面對恐懼，正面解決問題。

連桂慧老師給經理人的第㊱堂課

有位學員在迴轉壽司店工作，因為工作表現良好而被升為主管。她表示，自己是因服務態度良好，所以才會被提升，但是她不是很懂得怎麼當一個主管。

有次她被調去另一家店支援，這是上司測試她，是否可以承擔一家店的考驗。那一天，支援的店生意非常好，有同事跑來跟她說，有一個客人非常生氣，一直發飆罵人，請她過去處理。這位學員想先了解發生了什麼事，同事跟她說：「這位客人一直覺得迴轉盤上面都不是他要的，因此就生氣了。」

後來這位學員去了現場，看到這位客人依然在生氣，一直抱怨店內的服務與商品都爛透了。這位學員說，在過去之前她先深呼吸，然後拿出最棒的笑容。她走過去蹲在客人身邊，平視客人的眼睛說：「請問有什麼是我可以幫忙的？」

客人一看到她，就重複罵了一遍：「我坐在這邊已經十五分鐘了，轉來轉去都沒有我要吃的東西，到底是在搞什麼？」

她聽完後馬上就說：「對不起，這一定是我們的疏失。」當她說出這句話時，客人居然臉色就緩和下來了。她接著問：「那請問您有沒有特別想要吃什麼？我可以請師傅盡快幫您製作。」

客戶聽完後，火氣就消了，回覆她：「我只是想要吃魚，但是上面轉的不是豆皮就是海苔，我不喜歡。」

這位學員回答：「好的，那我們馬上幫您拿過來。」當她站起來準備離開時，旁邊的客人跟她說：「小姐，妳的態度真的非常好。我還在想你們店中有誰敢來承擔這種發飆的客戶，但是妳處理得真好，而且EQ好高喔！」

激勵的話

態度控制最大的好處是，讓自己好過，也不讓對方影響我們。真正做好態度控制，我們就能是自己的主人。

還好我以前受過王品的
訓練，現在不管遇到什
麼樣的客人都不怕。
CHIPS
CHIPS

訣竅 3

暗示必定誤事，清楚表達救了大事

假設世界上有一百個人，就會有一百種價值觀與認知。不管是伴侶、親子、員工或同儕之間，都會遇到相同的問題：「溝通不良」。換句話說，就是「對方聽不懂你在說什麼」、「認知有落差」、「各說各話」。

許多人都覺得，對方理所當然就應該要懂自己表達的意見，但是這常常只是一廂情願的想法。

這邊舉一個比較嚴重的案例來說明，如果沒有清楚表達自己的意見，會有多麼嚴重的後果。這個案例是各大溝通學說上都會提到的例子：一九八二年佛羅里達航空空難事件。

語意不清的「暗示」，反而會誤事

一九八二年，一架七三七飛機在暴風雪中，從美國華盛頓特區的機場起飛。起飛不久，因為無法爬升而撞到橋墩，便掉落波多馬克河中。起飛之前，副機長已經對機長說了三次：「機翼上的積雪太多，可能會有危險。」但機長卻沒有任何回應。這位副機長是怎麼對機長說的呢？原來他都是用「暗示」的方式，而不是直接清楚表達。

第一次副機長「暗示」機長：「你看，往後看，看到了嗎？那邊都結冰了。」結果，機長沒反應。

第二次副機長「暗示」機長：「你看到那些冰柱了嗎？你看到了嗎？」結果，機長還是沒反應。

第三次副機長「暗示」機長：「天啊，這麼多冰雪，怎麼除得了？」結果，機長仍然沒反應。

最後，在他們得到起飛許可時，副機長的說法終於變得比較強硬且直接，改用

「建議」的說法。

副機長說：「我們去檢查一下機翼上面吧，反正還要坐在這裡再等一會兒。」

結果機長回他說：「我想，我們現在就得走了。」

結果，這樣的婉轉跟不直接溝通，造成了一樁憾事。雖然這個案例說明得不是很完整，但是針對不直接溝通這件事情，確實是一個很好的例子。

許多事情之所以會變得嚴重，是因為在一開始就沒有達到「清楚、直接」，假設只是一般的小事，也許還有機會挽回，但是如果是重要的事，短短一句話就會造成許多誤會。造成令人遺憾的後果，相當可惜。

卡內基在溝通與人際關係上提到，**溝通的目的是在讓「對方」清楚收到自己的意思**。因此，如何清楚表達並讓對方明白無誤，是我們應該學習的課題。

連桂慧老師給經理人的第㊲堂課

有位學員在國外念完書後，就直接留在當地工作，他跟我分享一個在國外工作時的慘痛經驗。他向來只接受上級分派的任務，從來不表達自己的意見，當時的同事都說他像是一頭牛，默默地耕耘，不會喊累也不會提出自己的想法。

有時，上級交代下來的工作，根本無法一個人完成，但是他不會提出，只會默默努力，想著要趕快完成。最後真的做不完，就變成被主管責罵，還拖累了其他部門。

因此，他在國外工作得很不開心，沒多久就回到臺灣。他找了一個新工作，同時也來卡內基上課。他分享自己在卡內基學到的最大的事，就是「建立自信」，讓他懂得如何表達自己的看法，並知道如何尋求協助。

現在的他終於知道如何向上級表達意見了。要是任務太過困難，他會提出自己的問題和需要的資源，以便順利完成工作。有一天，他接到一個很難的訂單，是從來都沒有生產過的品項。以往的他一定默默接下，自己亂撞，但這次他先問清楚主管對於訂單的需求，再清楚表達自己從未接過這類的訂單。

主管給了他一些建議，他也清楚地提出自己的想法，說明執行上的困難點、可能需要哪些部門配合才能做好等等。當主管聽到他這樣說明時，很開心他能周全思考，也請其他部門一起參與會議，大家重新調整負責的事項，共同完成了任務。

激勵的話

逆來順受的人，即使內在擁有強大力量，但因為沒有勇氣表現出來，所以承受別人不能承受的苦，也是對自己最壞的人。我們不需要招搖地站在風頭上，但也不要當個苦情的老好人，自己若不幫自己的忙，也不能期待別人善待我們。溝通是雙向的，要先懂得清楚表達自己的意思，才能讓對方明白你的需求，真正達到成效。

所以？
你知道的，這樣說
吧，我真的不知道
該怎麼說……

訣竅 4
別在情緒當下做任何決定

面對壓力時，每個人會有不同的情緒反應：有些人用哭泣面對；有些人會生悶氣；有些人大吼大叫；有些人則是冷漠面對……。不論哪種方式，都是常見的情緒表達。

卡內基建議，當你傷心難過，或是遇到會讓情緒失控的事情時，最好可以找一件事讓自己忙碌，先轉移一下注意力。不要讓內在累積過多負面情緒，才能讓自己冷靜下來。

專注於忙碌其他事情，可以強迫大腦處在一個可以思考的狀態。腦袋衍伸出來的問題，就要在腦袋中解決，這是卡內基一直秉持的信念之一。

轉移注意力，是讓自己快速冷靜下來的方法

暫時性的轉移注意力，可以讓自己快速沉澱情緒並冷靜下來，讓大腦不斷地思考，並用「問自己問題」的方式來釐清狀況。

轉移注意力，讓自己冷靜下來，並不是要你去做奇怪的事情，而是做一些正面積極的事情。例如：失戀、感覺被背叛時，可以去醫院當義工，當你看到那些即使生病依然努力求生存的人時，便會珍惜自己所擁有的一切；若是一時情緒不穩，也可以去散散步，看看街景和人們，讓腦袋放空，再重新思考下一步。

總之，就是不要放任自己在負向的情緒中打轉。人在想法負面的時候，就容易鑽牛角尖。甚至，你也可以聽聽前輩的建議，找人好好聊一聊。有時壞情緒就會這樣被轉移掉，而冷靜下來之後，再重新思考的對策，也會更加完整。

老一輩的人常說，**「不要在情緒當下做任何決定，有八〇%以上的情況都會後悔。」轉移負面的情緒，冷靜下來，才是讓自己前進最好的方式。**

今天你想說的一句好話

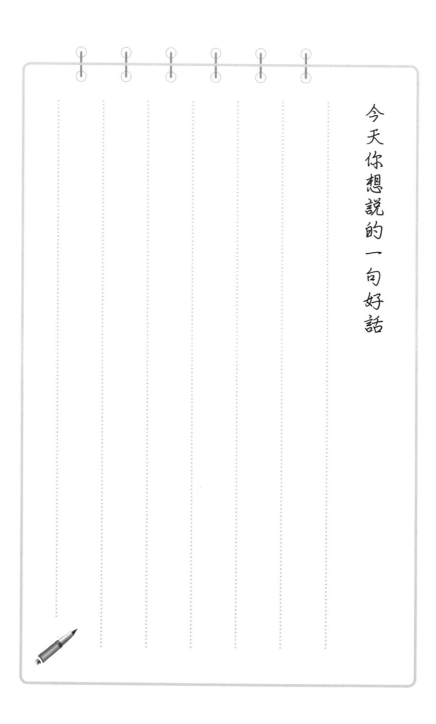

連桂慧老師給經理人的第㊳堂課

我有位學員開設美語補習班，有次一位新的美語老師遞補上來，接了新的班級，並同意讓一對家長連續來看兩堂課，每次都約半小時。

起初不知道這對夫妻的用意，直到第二次，他主動去詢問，那個爸爸就很開心地問他是否可以談談。這個爸爸分享自己這對孩子的狀況，他說自從換了新老師後，姊姊調適得很好，但是弟弟就有點不太適應。弟弟比較喜歡之前的老師，還因此吵著不想來上課。

這位學員說，這樣的事情其實每天都在上演，可是他那段時間剛好在上卡內基的課，因此他知道要用對方聽得懂的方式來談。

他努力了解家長的疑問與想法，然後告訴他們：「換老師這件事情，是不是我們從小到大都會遇到的事情？您看，這其實是人生中必須學習的課題。如果可以慢慢適應，也是人生中的一個練習。假設因為適應不良就轉班或轉學，小朋友要適應的不只是新老師，還有新同學、新環境和新的教學方法。比較起來，要比現在只需適應新老師，來得更加困難。」

這個爸爸也同意這樣的分析，這位學員繼續說：「若是他現在願意留下來，有個好處是，小朋友只需要適應新老師，學習速度應該會更快些。」家長聽完後覺得很有道理，也回去分析給小孩聽。後來孩子上課時，情緒也明顯好了許多。

激勵的話

遇到問題總是急著解決，但是效果總是不一，想要節省時間，就要去尋找問題的關鍵，冷靜處理比急著解決要有效多了。

媽咪，你的情緒好像快要失控了，我想我們應該先暫停。你回房冷靜一下，我騎個腳踏車馬上回來。

訣竅 5

學會寬恕他，也就能放過自己

寬恕，是人生中非常困難的一個功課，但也是最能使人受惠的一個課題。

曾經有個故事這樣說：有位要遠行的小沙彌，一出門就被一位身材高壯的大漢撞了個正著，不僅跌倒在地，還被旁邊的樹枝劃破了手掌心。這位大漢怕小沙彌會賴上他，就先開口抱怨：「誰讓你走路這麼匆忙的？我這麼大塊頭的人，你難道沒長眼睛看到？」

小沙彌沒說半句話，也沒有怪罪這位大漢，只是一笑帶過。結果這位大漢看了，反而不好意思起來，問道：「為什麼我撞了你，你卻一點也不生氣？」

小沙彌平靜地對他說：「既然已經摔倒了，生氣有什麼用？難道生氣就可以讓我手上的疼痛減輕嗎？難道生氣就可以讓傷痕癒合嗎？當然不行。相反地，生氣只會強化我心中的怨氣。如果我對你惡言相向，或是動用武力，縱使打贏了你，也會種下另一段惡緣，你會對我心生怨懟，說不定還會找機會報復我，到頭來輸掉的不還是我自己嗎！那我何必生氣呢。」

這位大漢聽了小沙彌這段話後，覺得很慚愧，連忙向他道歉，並記下了小沙彌的聯繫方式後才離去。

幾個月後的某一天，小沙彌突然接到這位大漢寄來的一千元供奉金，卻不知原因為何。有次又遇到這位大漢，一問之下才知道，原來他一心忙於事業上的發展，冷淡了新婚的嬌妻，造成嬌妻心中怨懟，最後竟然演變成出軌的醜事。

那時的大漢怒火中燒、報復心起，原本想要報復自己的妻子。但就在報復的那一剎那，他突然想起了和小沙彌相撞時，小沙彌所說的「生氣有什麼用呢？」

生氣也改變不了已發生的事實

因此，大漢冷靜下來思索：事情已經發生了，報復只會讓妻子更加覺得自己很糟糕，根本就是嫁錯人。要是我真的報復了她，她以後一定會更恨我。

於是，他放棄了報復的想法，重新學著像小沙彌那樣反思自己，他突然驚覺，自己已經有好一段時間沒有好好跟妻子談天、吃飯、出遊了，自己因為拚事業而冷淡了她，這一切明明就是自己造成的，怎麼可以怨恨妻子呢？

從此以後，大漢不管自己事業有多忙，都會抽出一些時間陪妻子，兩人的感情得以重新修復，並且還愈來愈好，生活也愈來愈幸福。大漢更因為不用心煩家裡的事情，反而更能專注在工作上，進而賺了不少錢。

大漢非常感謝小沙彌，當年讓他學會了寬恕，現在的他將這樣的心態用在自己身上，贏得了成功事業和美滿家庭，所以特別寄了一千元的感謝金，聊表謝意。

從上面的故事可以發現，**因為寬恕而真正受益的人，其實是自己。**我們無法決定其他人要怎樣處世，也無法左右他人要用怎樣的態度溝通、交際，但是我們可以不要讓自己的內心充滿不滿、憤怒與比較心。

寬恕的真正定義，不是寬恕他人，而是放過自己。唯有懂得放下這些執著，才能真正體會不被他人影響的平靜。

連桂慧老師給經理人的第㊴堂課

我在上課時聽到一段故事：有個學員是位公司老闆，他在大陸設置工廠。有一個臺灣幹部駐守在大陸廠時，不小心因工作受傷了。大陸的醫療設備不是非常良好，於是公司想盡辦法用專機接他回臺灣醫治，當中也花費了約兩、三百萬。

後來，這位員工的家人卻來公司要求賠償。其實老闆在事發後已經想好了，不管這位員工之後還能不能工作，都會安排一個位子給他，準備要養他一輩子。沒想到員工家屬，竟然每天在公司吵鬧、爭執，讓他真的很難過也很傷心。他自認自己對員工非常好，不懂為什麼員工要這樣對待他？

那段時間，這位老闆吃不好也睡不好。後來分享時，他說看到了卡內基的一段話：「永遠不要對人心存報復。」他發現，如果一直對這個員工心存怨念，最後不開心的還是他自己，所以他決定放下，然後滿足那位員工與家屬的要求。

沒想到過了幾個月後，這幾位家屬跑來公司找他，並跟他道謝。原來，這位員工的家屬回去問過很多人後，才知道老闆真的對他們很好，給予他們很多的補償，對此衷心感謝。

從這件事情中我們可以看到，我們如果一直不諒解，最後受苦的會是自己；如果我們一直生氣，最後受傷的也會是自己。因此，原諒跟平常心都不是讓別人好過，而是讓自己好過。

激勵的話

學習原諒，原諒別人因為不了解你的用心而誤解你；原諒別人因為不了解你的遠見而攻擊你；原諒別人因為你的勇往直前而害怕你；原諒別人因為不想改變而辜負你。還有，最重要的是原諒自己在盡力而為之後，不論結果是什麼。

他出的包一定很
嚴重，悔過書也
太大一份了……

訣竅 6

接受現實，是克服不幸的第一步

「接受現實是克服不幸的第一步。」這是威廉．詹姆斯所說的至理名言。

黑幼龍曾經分享過朋友的一段經歷：有次A到西班牙旅遊，同行的B當街被搶，B受到的驚嚇不難想像，哭得花容失色，雖然人沒有受傷，卻遺失了包包內所有的證件，因此趕緊掛失信用卡，進行後續的補救措施。雖然B在財務上並沒有重大損失，但是在往後的行程裡，完全失去了旅遊的好心情。

我們常看到許多人遇到一點小事就暴跳如雷、憂心如焚，不妨冷靜想想，假設鑰匙掉了，最壞的狀況是什麼？不過就是重配一副、找人開鎖，甚至換一整套新鎖，如此而已。了不起花幾百元、幾千元就可以解決了，可是我們卻因為這樣一點小事而不開心許久，那不是自己找罪受嗎？

反問自己「最壞的狀況是什麼？」

卡內基的課程總是告訴人們，要懂得「接受事實」。黑幼龍提供了一套很符合卡內基思想，也很實用的方式來協助大家，他稱之為「克服憂慮的魔術方程式」，有三個簡單的步驟：

1. 當事件發生後，反問自己：「最壞的狀況是什麼？」

2. 然後，去接受最壞的狀況。

3. 設法改善最壞的狀況。

以上面鑰匙掉了為例：

1. 「最壞的狀況」：鑰匙掉了會怎麼樣？最壞的狀況就是損失了一副鑰匙，要請鎖匠來家中開鎖，或重新換一套新的鎖才能回家。沒錯，最壞的狀況也就如此。

2. 「接受最壞的狀況」：鑰匙跟鎖其實已經使用多年，掉了剛好可以重新更換更安全、更有保障的一組新鎖。如此思考後，接受最壞狀況就會變得輕易許多。

3.「設法改善最壞的狀況」：用最快速的時間打電話給鎖匠，請對方馬上到你家碰面，並且在電話上就請對方告知，目前最新款鎖有哪些選擇，談定價錢後請對方一起帶來更換。馬上解決，不用擔心若是等到下班後再請鎖匠，對方是否已經休息，還有不喜歡新鎖的款式等等問題。

經過這樣冷靜分析後，似乎也沒什麼大不了的嘛！在接受事實這件事情上，也就輕易許多了吧！

連桂慧老師給經理人的第㊵堂課

有位在公益團體工作的學員，非常有愛心，常需面對外頭形形色色的人，協助他們求職。

這位學員在卡內基上課時，曾經遇到一位求職對象，那人是四十五歲的中年男性，留著小平頭，滿身的酒臭，還是輕度身障人士。那名男性來到這位學員的工作場所，希望學員能夠協助求職，但是他在表達上明顯很退縮，好像有難言之隱，所以學員當下有點壓力，滿心想著要怎麼幫助他找到適合的工作。

這位學員回想起卡內基的課程，希望藉由問問題的方式，協助這名中年男性，找出真正的問題與解決辦法。

在雙方溝通的一小時中，這個中年大叔說出了自己內心的煩惱：「當年誤入歧途，婚姻沒了，曾經被關，前途也毀了。又因為工作而造成身體損傷，所以現在成了失業者。我曾經燒炭跟自殘，後來雖然活下來了，但是卻不知道該怎麼面對自己。」

這位學員試著以同理心去體會，想要幫助他站起來，所以告訴他，卡內基的課程教過「不要憂慮過去的事情，要接受不可避免的事實。」

要找到工作其實不難，但是需要先戒酒才能讓人認同，因此學員問這個中年大叔是否願意相信自己，以及是否願意在戒酒後，接受他們的協助。他一聽到學員這樣說，就允諾要認真戒酒，並重新振作起來。

激勵的話

信任的力量，就是別人給我們最好的肯定。沒有人有義務要信任我們，除非我們值得，要別人相信之前，我們是否可以同等對待。當有人告訴你：「我相信你。」那是最有重量的一句話。過去的事情已經發生了，就不要再憂慮，接受事實並面對它，才是最重要的事。

差點忘記我有
孩子，今晚的
派對……

今天你想說的一句好話

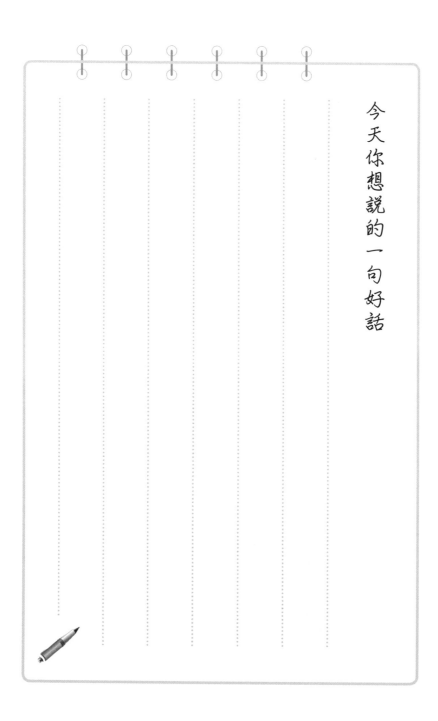

說好話的態度，幸運自己找上門

二十世紀最偉大的成功學大師戴爾・卡內基，他創辦的卡內基訓練課程，在全球各國生根茁壯。為什麼他名聞遐邇，甚至還能改變人的一生？從前述的內容可得知，成功絕對不是沒有理由的。

卡內基一生中所累積的經驗與智慧，都是我們打造出成功的背後，最重要的信念，而我們常常掛在嘴邊的「態度」，也是其中的關鍵。**一旦做人處事的態度正確，好事就會接踵而來，好運也會自己找上你。**

該怎麼運用本書？

本書將卡內基的訓練課程，分為和每個人一生都息息相關的四個課題，分別是：人際關係、領導管理、溝通激勵和壓力處理。我們或多或少都曾有過這幾個方面的困擾，如果知道該怎麼解決，就能夠往對的方向努力，也會看得到自己的成長。卡內基的精神就是要引導每個人，走出自己的一條路。

首先是人際關係，它對個人、家庭、工作、社交等方面的重要性，相信不用多加詳述，大家都能明白。「互動」是其中最大的奧祕，顧名思義，互動強調的就是一種雙向關係，也是我們最想要得到的收益點。

接著是領導與管理。不管身處在怎麼樣的團體裡，當我們想要做出績效時，上位者如何引領，底下的小螺絲如何團結，就成了非常重要的課題。而「向心力」的凝聚程度，就是成功的關鍵。

然後是溝通與激勵。人生總是起起伏伏，而我們的情緒也總有低落的時候，這時候，簡單一句鼓舞的話或一個不經意的舉動，都能變成讓我們從失意中再站起來的力量。「自信」是我們要找回來的特質。

最後是壓力處理。我們每天都在和壓力共存，適當的壓力會是一股正面的力量，變成讓人向上成長的助力；而讓人承受不住的壓力，則一定要設法排除，才不會困在其中，無法面對未來。該如何「解決」，就是終極目標。

走出自己的一條路

本書講述的是一種「概念」，透過和真實發生的「故事」相連結，提供讀者實際「應用」的方法。只要好好體會與運用每一類的要點，不管遇到什麼難題，先冷靜面對，再回想書中提出的每一個方法，就能無所畏懼，一一解決。

成長的路途難免有些波折，也會伴隨著挫折，你應該做的是持續嘗試，累積自己的經驗，並記錄下來需要調整的事項，然後再重新修正，再繼續嘗試。我們所獲得的一切經歷，都將是生命中最珍貴的寶藏。我們也會在無數次的調整與改變後，遇見更完整的自己。期盼每一位讀者，都能走出自己的一條路。

卡內基訓練®課程簡介

【戴爾卡內基班】 有效溝通與人際關係

訓練自信、積極、熱忱的態度，及以溝通、人際關係為基礎的領導力。學習正向面對改變及工作壓力，增加解決問題的能力。能贏得信賴與合作，有效率的達成工作目標。成為更能規劃自己人生及職場生涯的專業人士。

【團隊影響力班】

專為期望持續提昇自己的能力、能在團隊中全方位發揮積極影響力的人所設計，透過加強人際互動來強化團隊向心力、改善溝通來提升團隊成效、減低團隊壓力與改善團隊成員的態度，培養全方位的團隊影響力。

【高績效經理人班】

重點包括五大功能：自我領導、溝通、人際互動、流程管理、增進同仁責任感。並從練習與運用這五大功能的方法中，激發團隊的潛力。經理人也會學習發揮創意、溝通、激勵、與績效評估的方法，提昇團隊工作績效，達成公司的目標。

【優勢銷售班】

將銷售的流程做有系統的整理，學習如何引發興趣、開發客源、處理反對意見，與顧客建立長久利多的關係，使顧客能重複購買以取代直接的推銷。課程中除了傳授知識，還注重演練。無論是新進或是資深的銷售人員，都能實際提升業績。

【企業核心能力訓練】

卡內基訓練有一套有效幫助企業培養人才，增強市場競爭力的培訓系統，針對企業的策略目標，量身訂做協助貴公司達成這些目標的訓練。課程設計涵蓋六大核心職能，包含領導力、客戶服務、有效表達、團隊向心力、業務銷售、流程改善等。

【震撼力簡報班】

專為公司高階主管及發言人設計，對常需要做簡報的專業人士，也極有幫助。能提昇團體溝通的說服力、提高可信度。面對群眾、媒體或董事會時，以專業化的形象做有效的溝通。學會控制不易處理的聽眾及場面等等。

【卡內基高階主管精華班】

專門為忙碌的高階主管所設計，由**卡內基訓練執行長黑立言親自授課**，淬取戴爾卡內基先生「溝通與人際關係」的精華設計成三天密集訓練，最高效的協助您精準溝通、凝聚共識，擁有從A到A+的影響力。

【卓越總裁班】

總裁班是一個為期二天的訓練，先幫助公司總裁發掘自己成為領導人成功的特質；然後培養對他人了解、諒解、及感興趣的積極態度；再從改善溝通的技能與態度中發掘他人的領導力；最後就能發揮團隊的領導力，提昇競爭力。

【青少年先修班/青少年班/大學班】

幫助年輕人培養更高的EQ、更自信積極的人生觀，能自我管理、負責任，面對功課壓力能有效處理，人緣更好、更有勇氣溝通想法，奠定未來成功的基礎。

【青少年口語表達班】

從內容設計、如何表達清楚概念恰當的肢體語言及語調、如何臨機應對及如何和聽眾自在互動都要上臺練習，兩整天的時間內將學會如何展現更好的自己，將自己的優點推銷出去，成為人群中的意見領袖！

今天你想說的一句好話

國家圖書館出版品預行編目（CIP）資料

說好話的力量：「卡內基激勵法」改變了 5000 位經理人的人生
／連桂慧作. -- 二版. -- 新北市：大樂文化有限公司, 2021.10
240面；14.8×21公分. --（Business；78）
ISBN 978-986-5564-57-5（平裝）
1. 人際關係　2. 溝通　3. 成功法
177.3　110016946

Business 078
說好話的力量（暢銷珍藏版）
「卡內基激勵法」改變了5000位經理人的人生
（原書名：說好話的力量）

作　　者／連桂慧
封面設計／蕭壽佳
內頁排版／思　思
責任編輯／林宥彤
主　　編／皮海屏
發行專員／鄭羽希
財務經理／陳碧蘭
發行經理／高世權、呂和儒
總編輯、總經理／蔡連壽
出 版 者／大樂文化有限公司
地址：新北市板橋區文化路一段 268 號 18 樓之 1
電話：（02）2258-3656
傳真：（02）2258-3660
詢問購書相關資訊請洽：（02）2258-3656
郵政劃撥帳號／50211045　戶名／大樂文化有限公司

香港發行／豐達出版發行有限公司
地址：香港柴灣永泰道 70 號柴灣工業城 2 期 1805 室
電話：852-2172 6513　傳真：852-2172 4355

法律顧問／第一國際法律事務所余淑杏
印　　刷／科億印刷有限公司

出版日期／2016 年 8 月 3 日 初版
2021 年 10 月 29 日 二版
定　　價／280 元（缺頁或損毀，請寄回更換）
I S B N／978-986-5564-57-5